ANTOINE BAYET

W0325585

VOYAGE AU PAYS DE LA DARK INFORMATION

Robert Laffont

© Éditions Robert Laffont, S.A.S., Paris 2022
ISBN : 978-2-221-25871-2
Dépôt légal : février 2022
Éditions Robert Laffont – 92, avenue de France 75013 Paris

Pour Hélène, Edgar, Elvire, Solal et Victor.

PROLOGUE

Ma première rencontre avec la « dark info »

C'est à cause, ou plutôt grâce à Arthur Benchetrit, *alias* « ArtBen », que j'ai décidé de me lancer dans une enquête au long cours sur le décrochage des Français vis-à-vis des médias traditionnels. D'aller rencontrer ces « décrocheurs », évidemment, mais également tous les « faussaires de l'info » : YouTubers, militants extrémistes, complotistes patentés et autres apprentis sorciers.

Arthur Benchetrit ? C'est un jeune YouTuber « nouvelles technos » de vingt-trois ans aux airs de premier de la classe, impression renforcée par ses petites lunettes rondes. J'ai découvert son existence en plein confinement n° 1, en mars 2020, à l'occasion d'une étude sur la médiatisation du Covid-19 que je conduisais pour *La Revue des médias* de l'Institut national de l'audiovisuel (INA)[1].

En me plongeant dans le flot incessant du groupe Facebook de soutien au professeur de médecine marseillais

1. Antoine Bayet et Nicolas Hervé, « Information à la télé et coronavirus : l'INA a mesuré le temps d'antenne historique consacré au Covid-19 », in *La Revue des médias* de l'INA, 24 mars 2020, https://larevuedesmedias.ina.fr/etude-coronavirus-covid19-temps-antenne-information

« Didier Raoult Vs Coronavirus 💪[1] », je découvrais un « objet médiatique non identifié » signé du jeune YouTuber, également administrateur de la page. Une interview extrêmement complaisante du professeur Éric Chabrière, bras droit et collègue de Didier Raoult à l'Institut hospitalo-universitaire (IHU) Méditerranée Infection, postée sur le groupe le samedi 28 mars 2020 à 21 h 28. Un « 3 questions à » qui reprend tous les codes de la fabrique de l'info professionnelle, dans lequel Éric Chabrière déroule, sans être aucunement challengé, son argumentaire, dont on a découvert plus tard à quel point il ne valait rien.

Chabrière vante les bénéfices de l'hydroxychloroquine, « traitement prometteur » et « efficace » qu'il veut « généraliser ailleurs », se moque de la gestion de la crise sanitaire par le gouvernement, qui « fait moins bien que l'Iran », et dénonce les attaques « méprisantes et insultantes » dont l'IHU ferait l'objet. Bref, de la com en faveur de Didier Raoult déguisée en journalisme, de l'info « Canada Dry » à haute toxicité, non vérifiée, non recoupée, et qui est diffusée sur un groupe où les messages d'anonymes sont tous à la gloire de l'épidémiologiste.

Ce post d'ArtBen est pour moi emblématique de ce que j'ai choisi d'appeler la « dark information » : la diffusion d'une information fausse, sans filtre ni contrepoint, sous couvert d'un dispositif d'apparence professionnelle destiné à masquer des invraisemblances de fond. Autrement dit : une information qui, sur la forme, peut ressembler en tout point à de l'information traditionnelle, à ceci près qu'elle a été

1. Voir chapitre 8 : « Dans les secrets de la naissance du groupe Facebook "Didier Raoult Vs Coronavirus 💪" »

faussée dans un but politique, économique ou sociétal rarement explicité.

À l'époque, les profils d'Arthur, mais également des autres administrateurs du groupe, m'avaient particulièrement surpris : un jeune geek bien inséré dans la société ; un ancien élu local, ex-maire d'une commune de 30 000 habitants ; la DG d'une petite agence de com… Tous sont à des années-lumière du cliché du « bac – 5 » publiant seul chez lui des textes bourrés de fautes.

J'ai décidé de me lancer dans l'écriture de ce livre pour comprendre ce qu'il se passe dans la tête de ces anonymes lorsqu'ils se mettent, plus ou moins consciemment, à produire de la dark info. Pour découvrir, aussi, qui sont ceux qui tirent les ficelles de ce type de dispositifs. Quelle était exactement la nature des liens entre les créateurs du groupe Facebook et l'IHU de Marseille ? S'agissait-il vraiment d'un groupe citoyen spontané, comme cherchait à le faire croire la courte description du groupe ? Au printemps 2020, j'avais tenté d'échanger avec les différents administrateurs, sans y parvenir. Au fil des mois, j'ai insisté, j'ai retrouvé le créateur de la page, et une grande partie de mes intuitions ont été confirmées : ce fameux groupe n'a rien de spontané, comme je le révèle dans mon enquête.

*

* *

Ce livre m'a semblé d'autant plus nécessaire que l'étude menée avec les équipes de l'INA mettait au jour deux constats chiffrés proprement hallucinants, et qui doivent absolument être lus ensemble afin de comprendre le vrai visage du paysage de l'information français en temps de pandémie.

Le premier constat concerne le temps consacré par les principales chaînes d'information à une double actualité inédite : l'apparition d'un nouveau virus et la vie sous confinement.

Plus précisément : en passant à la loupe près de 100 millions de mots, représentant 8 000 heures de programmes sur Franceinfo, LCI, CNews, BFMTV, ainsi que sur les tranches d'information des principales chaînes historiques, nous avons pu établir, avec Nicolas Hervé, chercheur à l'INA, que, du lundi 16 mars au dimanche 22 mars 2020, 74,9 % du temps d'antenne avait été consacré au coronavirus et à ses conséquences. Soit un volume horaire quotidien moyen de 13 heures et 30 minutes par chaîne[1]. Une production totale de près de 378 heures d'informations traitant du coronavirus sur une semaine : vertigineux, et historique dans son intensité et sa longueur, puisque ce « pic » intervenait après plusieurs semaines de couverture intense. Dans le langage de l'information en continu, que j'ai longtemps pratiquée[2], on appelle ce type de phénomène un « blast » : un événement qui balaie tous les repères traditionnels, toutes les grilles, et presque toutes les autres infos.

Le confinement fait exploser l'offre d'information… et les audiences ! BFMTV, la chaîne du groupe Altice, a enregistré une performance historique au mois de mars 2020, selon les données de l'institut Médiamétrie :

1. Le « corpus » étudié était constitué des JT de 13 heures et de 20 heures de TF1 et France 2, des journaux du soir de France 3 et M6, ainsi que de l'émission « C dans l'air » sur France 5. Dans le détail, chaîne par chaîne, la moyenne quotidienne était de 13 heures et 54 minutes sur BFMTV, 13 heures et 48 minutes sur Franceinfo, 13 heures et 19 minutes sur LCI, et 12 heures et 57 minutes sur CNews.

2. L'auteur a notamment été rédacteur en chef chez Franceinfo et Europe 1.

4,1 % de part d'audience, pour près de 15 millions de téléspectateurs par jour, le double de son flux habituel[1].

Quant aux JT, passant généralement de trente-cinq minutes à près d'une heure, ils ont enchaîné les records : 16,5 millions de Français devant les journaux de 20 heures de TF1 et France 2, contre une dizaine de millions en temps normal.

De ces audiences qui explosent, certains médias et journalistes ont déduit que tout allait très bien au pays de l'info. Dans une interview au quotidien *Les Échos*, Yannick Letranchant, alors grand patron de l'information du groupe France Télévisions, se félicitait même de ces chiffres sans précédent : « On observe un véritable engouement pour des rendez-vous identifiés [...]. Les grands JT donnent le ton, avec la famille qui se rassemble à 13 heures ou 20 heures. On retrouve la notion de grand-messe de l'information[2]. » Alors ? CQFD, fermez le ban, circulez, y a rien à voir ? Les Français auraient-ils soudainement « communié » autour d'une même information ? Loin de là.

Le second constat qui m'a alors saisi concernait d'autres audiences : le succès fulgurant des contenus numériques remettant en cause la gestion par les autorités de la crise sanitaire. Prenez notre fameux groupe Facebook « Didier Raoult Vs Coronavirus 💪 », né au quatrième jour du premier confinement. Cette communauté, apparemment sortie de nulle part, aux administrateurs étrangement « CSP++ », a réuni en quelques jours

1. Taimaz Szirniks, « Les Français sont restés scotchés devant la TV en mars », dépêche AFP du 30 mars 2020 à 17 h 07.

2. Marina Alcaraz, « Coronavirus : chaînes d'info et journaux télé voient leur audience exploser », in *Les Échos*, 30 mars 2020, https://www.lesechos.fr/tech-medias/medias/coronavirus-chaines-dinfo-et-journaux-tele-voient-leur-audience-exploser-1190359

370 000 membres. Au-delà de cette donnée, pour mesurer son poids réel dans l'univers Facebook en France (où plus de 36 millions de Français disposent d'un compte), j'ai eu recours à l'outil CrowdTangle, développé par le réseau social et mis à disposition des rédactions pour effectuer des mesures de ses audiences.

Je me suis plus particulièrement concentré sur le nombre de partages générés par les posts sur le groupe lors d'une semaine donnée. Plus que le nombre de fans en valeur absolue, plus que la « portée » – c'est-à-dire le nombre de fois où un contenu est vu –, le partage marque une adhésion forte à un contenu, car l'utilisateur choisit alors de se l'approprier – quand bien même il n'a lu guère plus que le titre et le résumé de l'article en question…

J'ai comparé le nombre de partages générés par le groupe des fans de Didier Raoult et par les médias traditionnels, ceux-là mêmes dont les audiences télé classiques cartonnaient. Le résultat m'a stupéfié : défaite des médias traditionnels, victoire de Didier Raoult, par K.-O. ! Selon mes observations, durant la deuxième semaine du premier confinement en France, les utilisateurs français de Facebook avaient plus de chances de voir s'afficher sur leur fil d'actualité un contenu qu'un de leurs amis avait partagé depuis le groupe ouvert « Didier Raoult Vs Coronavirus 💪 » que depuis les six médias traditionnels suivants réunis : BFMTV, Franceinfo, CNews, LCI, *Le Monde* et *Le Figaro*[1] !

1. Entre le lundi 23 et le dimanche 29 mars, les 21 000 messages publiés dans le groupe Facebook dédié au médecin ont généré 4 850 000 interactions (*likes*, commentaires…), dont 1 627 007 partages, quand l'ensemble des pages de ces six médias bien installés en totalisait 1 602 222 – BFMTV n'ayant engendré sur la même période « que » 698 425 partages, soit trois fois moins que la « Didier Raoult-mania ».

Des Français qui consomment de l'information télé en masse, mais qui, en même temps, cherchent aussi en dehors des chemins balisés d'autres informations, d'autres sources : voilà, à mon sens, le vrai paysage de l'information. Car, bien évidemment, ces mondes ne sont pas étanches : nombre des membres du groupe « Didier Raoult Vs Coronavirus 💪 » étaient, dans le même temps, devant leur télé à 20 heures pour regarder la fameuse « grand-messe » du journal de TF1 ou France 2 !

*

*   *

J'ai également mené cette enquête au cœur de la dark info avec une intention très personnelle. Trop souvent, j'ai eu l'impression que le réflexe classique d'un média était de tourner le dos à cette drôle de nébuleuse qui se forme en dehors des espaces classiques de diffusion de l'info. Alors que nous, journalistes, savons qu'elle existe, évidemment. Nous l'avons d'abord rencontrée, parfois violemment, sous la forme de commentaires ouverts sur les sites Internet d'information. Nous l'avons ensuite croisée sur certains réseaux sociaux, où des lecteurs plus ou moins bien intentionnés n'hésitent pas à s'en prendre à nous.

Souvent, cette sphère nouvelle, si difficile à cerner, a été cataloguée comme le « tout-à-l'égout de la démocratie[1] », expression que l'on doit au patron de médias Denis Olivennes, en juin 2009. Des propos qu'il a amendés et corrigés quelques mois plus tard dans un billet

---

1. Propos révélés le 30 juin 2009 par Rue89 sur son compte Twitter (https://twitter.com/Rue89/status/2401353231), puis réitérés par Denis Olivennes lors de l'université d'été du Medef, le 4 septembre 2009, https://www.dailymotion.com/video/xadssk

de blog célébrant Internet comme une « autoroute de la liberté », à condition qu'il y règne une certaine forme de « civilité », que l'information y soit produite par des journalistes prompts à vérifier et recouper leurs sources.

La réflexion conduite par Denis Olivennes est intéressante, car elle donne l'impression d'identifier presque deux Internets différents : « Oui, je l'avoue, j'ai dit un jour qu'Internet était le "tout-à-l'égout de la démocratie". Ma faute, ma grande faute fut de n'avoir pas précisé que je parlais de l'Internet anonyme et de l'Internet sauvage – si un tel qualificatif m'est permis s'agissant d'une invention aussi sophistiquée », écrivait Olivennes deux mois après sa sortie initiale. Et de poursuivre : « C'est en effet l'univers des dénonciations calomnieuses, des rumeurs infondées, des informations bidon, des injures racistes, antisémites, homophobes, sexistes. C'est celui des délires nazis. Ou pédophiles. Voyez le déferlement d'insultes au milieu des commentaires intelligents, sous les articles des sites. Un progrès, ce défoulement de nos pulsions les plus viles ? Le travail de civilisation, c'est au contraire d'enterrer profondément ce cloaque[1]. »

Même après plusieurs années passées à lire les pires horreurs sur des groupes douteux, je ne sais pas si je pourrais reprendre le terme de « tout-à-l'égout » ou de « cloaque ». Et à vrai dire, peu importe. Ce qui compte, et ce qui motive cet ouvrage, c'est que, aujourd'hui, des centaines de milliers – si ce n'est des millions – de Français vont chercher de l'information dans ces zones grises, loin de l'Internet civilisé rêvé par Denis Olivennes. Un constat que nous, journalistes traditionnels,

1. Denis Olivennes, « Civilité », *in* leblogdedenisolivennes.blogs.nouvelobs.com, 25 septembre 2009, consulté en juillet 2021, https://web.archive.org/web/20090928041141/http://leblogdedenisolivennes.blogs.nouvelobs.com/archive/2009/09/25/civilite.html

ne pouvons plus ignorer. Il faut absolument faire l'effort de les entendre, essayer de les comprendre. J'en suis persuadé : le « décrochage » massif que j'évoque ici se fait en réalité dans les deux sens : une partie des Français décrochent de l'info classique, certes, mais une partie des journalistes restent déconnectés des pratiques informationnelles réelles, et en pleine croissance, de leurs concitoyens.

Cette enquête est donc celle d'un journaliste, aujourd'hui cadre dirigeant au sein de l'audiovisuel public[1], qui enseigne le journalisme à Sciences Po Paris, mais n'oublie pas ses débuts en presse régionale, dans le nord de la France, et qui a essayé de comprendre et d'expliquer la défiance profonde, voire le rejet radical qu'inspire désormais sa profession.

Mais c'est surtout celle d'un journaliste qui veut donner la parole et comprendre les décrocheurs de l'info, avec lesquels les médias sont généralement si mal à l'aise. Avec l'espoir – sans doute un peu fou – de parvenir à faire se parler de nouveau deux mondes qui, aujourd'hui, s'ignorent et se méprisent.

---

1. Directeur éditorial de l'Institut national de l'audiovisuel (INA) depuis le mois de septembre 2021.

PREMIÈRE PARTIE

La dark info, la face cachée de l'info

1

Hold-up. Retour sur un chaos. Le documentaire complotiste qui a semé le trouble

Nous sommes le mardi 6 octobre 2020, dans le petit studio de cinéma Invisu, rue Boyer-Barret, dans le 14e arrondissement de Paris. Depuis plusieurs semaines, TProd, une société de production domiciliée à Boulogne-Billancourt, a investi ce plateau d'un peu plus de 100 mètres carrés, proposé tout équipé à la location pour « 1 400 euros la journée de dix heures, 225 euros par heure supplémentaire ». Sur son compte Instagram, l'équipe d'Invisu a d'ailleurs été très fière de partager, le 23 juillet 2020, une photo montrant les coulisses du début de cette production un peu particulière, avec pour légende : « Dans l'intimité d'une interview avec TProd[1] ! » On voit le studio aménagé devant un immense fond noir, l'un des cinq techniciens semble tenir le rôle de l'interviewé, juché sur un tabouret, pour un face-à-face effectivement très rapproché avec un interlocuteur que l'on voit de dos, chemise bleue froissée, jean fatigué, cheveux en bataille.

1. Photo accessible à l'adresse : https://www.instagram.com/p/CC_IPNuADWk/

L'intervieweur en question s'appelle Pierre Barnérias, cinquante-cinq ans. Et l'objet audiovisuel en cours de tournage est *Hold-up. Retour sur un chaos*, un film présenté comme un documentaire, qui dure plus de 2 h 40 et dont le *pitch* officiel est d'« apporter un autre regard sur la crise actuelle » – la crise sanitaire, évidemment. En additionnant les « vues » cumulées sur les différentes plateformes où il a été diffusé, on estime que ce « film entretien » a été visionné par près de cinq millions de Français depuis son lancement le 11 novembre 2020.

Arrêtons-nous un instant sur Pierre Barnérias. Ancien journaliste tête brûlée, catholique à la foi extravertie, jadis intervenant en école de journalisme et passé par un nombre incalculable de rédactions et de boîtes de production (LCI, Franceinfo, RTL2 ou encore Radio Notre-Dame), d'où il est systématiquement parti avec fracas au bout de quelques mois – ou, plus souvent, d'où il a été prié de partir, ainsi qu'il le raconte dans son autobiographie –, il est également l'auteur de nombreux documentaires d'actualité diffusés par les plus grands magazines télé, comme « Zone interdite » (M6), « Des racines et des ailes » (France 3) ou « Envoyé spécial » (France 2).

Et c'est donc dans ce studio du 14e que Barnérias va faire défiler les « experts » qui lui permettront de construire cet « autre regard » promis par *Hold-up*. Un casting pour le moins hétéroclite : Luc Montagnier, biologiste, récompensé du prix Nobel de médecine en 2008 pour la découverte du virus de l'immunodéficience humaine (VIH), mais aujourd'hui dénoncé par l'Académie nationale de médecine en raison de ses positions non scientifiques, notamment sur les questions de vaccination[1] ; Christian Perronne, alors chef de service des maladies infectieuses et tropicales à l'hôpital Raymond-Poincaré à Garches, poste dont il allait être suspendu quelques semaines plus tard par Martin Hirsch, le patron de l'AP-HP, agacé par les « propos considérés comme indignes de la fonction que Christian Perronne exerce[2] » ; Xavier Azalbert, spécialiste du marketing bancaire devenu patron de *France-Soir*, titre mythique qu'il a transformé, selon moi, en véritable bible des complotistes[3] ; Martine Wonner, médecin psychiatre, élue députée du Bas-Rhin sous l'étiquette LREM en juin 2017, mais virée de son groupe en mai 2020 lorsqu'elle a refusé de voter le plan de déconfinement du gouvernement[4] ; ou encore la généticienne Alexandra Henrion-Caude, ancienne directrice de recherche à l'Inserm, aujourd'hui très décriée par la communauté scientifique pour s'être

---

1. « Communiqué commun des Académies de médecine et de pharmacie sur les propos de Luc Montagnier sur les vaccinations », 12 décembre 2017, accessible à l'adresse : https://www.academie-medecine.fr/communique-commun-des-academies-de-medecine-et-de-pharmacie-sur-les-propos-de-luc-montagnier-sur-les-vaccinations/

On y lit notamment : « Les professeurs Luc Montagnier et Henri Joyeux sont intervenus lors d'une conférence de presse le 7 novembre dernier. Les propos qu'ils ont tenus, qui ne manqueront pas d'introduire le trouble chez les parents de jeunes enfants, ne sont pas fondés et doivent être démentis. Les Académies nationales de médecine et de pharmacie soulignent la nature émotionnelle des faits rapportés et s'élèvent avec force contre les propos tenus qui ne reposent sur aucune base scientifique. »

2. Voir chapitre 3 : « La dark info, combien de divisions aujourd'hui ? » Voir aussi le communiqué de presse : « AP-HP : Le directeur général a mis fin aux fonctions de chef de service des maladies infectieuses et tropicales exercées par le professeur Christian Perronne et déposé plainte devant l'Ordre des médecins », accessible à l'adresse : https://www.aphp.fr/contenu/ap-hp-le-directeur-general-mis-fin-aux-fonctions-de-chef-de-service-des-maladies

3. Voir chapitre 10 : « Et l'illustre *France-Soir* devint la bible des complotistes… »

4. Voir chapitre 9 : « Martine Wonner : quand la dark info débarque à l'Assemblée nationale ».

prononcée à de nombreuses reprises contre le port du masque et les mesures de confinement[1]. Azalbert, Perronne, Wonner, et bien d'autres : autant d'esprits brillants, mais comme soudain égarés, que je vais retrouver tout au long de ce *Voyage au pays de la dark information*...

Ce que Barnérias est en train de réaliser, avec son casting pour le moins orienté, est un objet qui donne des sueurs froides, dans lequel un ancien professeur de pharmacie, Jean-Bernard Fourtillan, en vient même à affirmer, avec le plus grand sérieux, que le Covid-19 aurait été « créé par l'Institut Pasteur »[2]... Une production typique de la dark info.

Évidemment, ce procédé s'épanouit dans le cadre désintermédié des réseaux sociaux, où sa présence est extrêmement importante – j'évalue par exemple à près de 30 % les contenus publiés sur Facebook relevant de la dark information[3].

Hélas, la diffusion de cette information frelatée est aussi rendue possible en général par l'existence de sources de financement qui se soucient peu de l'exactitude des faits véhiculés – qu'il s'agisse de la publicité en ligne classique ou de certains sites de financement participatif[4].

*

* *

1. Voir chapitre 11 : « Comment les "ancêtres" de TV Libertés ont viré complotistes ».

2. Une plainte a été déposée par l'Institut Pasteur contre ces propos, qui ont été coupés dans une deuxième version du film.

3. Voir chapitre 3 : « La dark info, combien de divisions aujourd'hui ? »

4. Voir chapitre 16 : « La dark info, un *business model* solide et en devenir ».

Revenons au mardi 6 octobre. Ce jour-là, sur le tabouret, l'une des plus belles prises du casting de *Hold-up* vient se prêter au jeu des questions-réponses pendant plus de deux heures : Philippe Douste-Blazy. Sur le papier, le pedigree est impressionnant : cardiologue, professeur de médecine en épidémiologie, ancien ministre de la Culture et des Affaires étrangères, deux fois ministre de la Santé – de 1993 à 1995 sous François Mitterrand, puis de 2004 à 2005 sous Jacques Chirac.

Depuis le début de la crise sanitaire, Douste-Blazy, en tant qu'administrateur de l'IHU de Marseille, est devenu un avocat zélé du pseudo-remède au Covid-19 vanté par son ami le professeur Didier Raoult, l'hydroxychloroquine, dont il a fait l'apologie sur les plateaux télé et les réseaux sociaux à de très nombreuses reprises... Alors Barnérias, sentant le bon coup, s'est dit qu'il allait tenter de le faire témoigner dans son film. Et, visiblement, ça n'a pas été très compliqué...

« Roh, putain, ça me rappelle un mauvais souvenir... » Pour retrouver ses échanges avec Barnérias, Philippe Douste-Blazy, qui me reçoit à son domicile parisien début novembre 2021, est allé chercher son ancien iPhone. Au bout de quelques secondes, en tapant le nom du réalisateur, il tombe sur leur échange de SMS. Il me lit la toute première sollicitation, reçue le 21 août 2020 : « Monsieur le Ministre, réalisateur et producteur, je travaille depuis trente-cinq ans pour une information positive et porteuse de sens. J'ai réalisé une quarantaine de documentaires, dont plusieurs ont été primés dans de grands festivals. Je travaille pour France Télévisions depuis vingt-cinq ans. Révolté de cette manipulation grotesque, provoquée par la corruption de nombreux scientifiques, j'ai décidé de réaliser un film enquête [...]. Je vais construire mon film sur des témoignages. Aucune inquiétude à avoir, rien ne sera diffusé sans votre accord, et je vous fournirai très vite la liste définitive des intervenants. Au plaisir d'avoir votre retour, et merci d'être monté au front pour faire votre devoir[1]... »

Au fur et à mesure de la lecture, Philippe Douste-Blazy me fait quelques commentaires : « Bon, j'aurais dû faire attention... », « Là, j'aurais dû faire *tilt*, quand même... » Puis, il s'enfonce un peu plus dans son canapé : « Bon, c'était une grosse connerie, évidemment, de ma part... Mais j'ai répondu : "C'est quand le tournage ?" » Sans doute grisé par la perspective d'un passage sur le plateau de ce « film enquête », un exercice qu'il affectionne beaucoup, l'ancien ministre a préféré ignorer les signaux d'alerte.

Il me raconte comment il a ressenti son passage devant la caméra de Pierre Barnérias et de son équipe : « Ils me posaient des questions, très lourdement : "Mais enfin, les masques, ça ne sert à rien ?" Je réponds que si, les masques, ça sert... "Et qu'est-ce que vous avez à dire sur les tests ?" » La seule réponse de Philippe Douste-Blazy gardée au montage portera sur l'hydroxychloroquine. Deux « sonores » successifs, l'un d'une minute, l'autre de trente secondes, durant lesquels l'ancien ministre de la Santé critique une étude publiée par la revue médicale britannique *The Lancet* (*NdA* : « le bistouri » en français), longtemps référence absolue de l'information médicale. Cette enquête de grande ampleur, qui concluait à la dangerosité de l'hydroxychloroquine dans le traitement du Covid-19, s'est toutefois révélée construite sur des

1. Entretien de l'auteur avec Philippe Douste-Blazy, jeudi 4 novembre 2021.

données fantaisistes, au point que *The Lancet* a dû par la suite la retirer[1].

Ces quatre-vingt-dix secondes figurent dans la première version de *Hold-up*, mise en ligne le 11 novembre 2020. Épaulé par son beau-fils avocat, Philippe Douste-Blazy parvient, sans grande difficulté, à faire retirer l'intervention dans la seconde diffusion, publiée quarante-huit heures après. Mais il est trop tard, le mal est fait. Douste-Blazy est devenu l'une des cautions morales de Barnérias...

*

* *

Je n'ai pas réussi à échanger en longueur avec le réalisateur du si controversé documentaire. Après m'avoir envoyé un petit message, sur WhatsApp, en mai 2021, me disant qu'il serait « ravi » de répondre à mes questions, il a ensuite systématiquement ignoré mes nombreuses relances.

Qu'à cela ne tienne ! Pour mieux comprendre ses motivations, je me suis plongé dans un document assez incroyable, peut-être encore plus riche qu'une interview : l'autobiographie de Pierre Barnérias, parue en mars 2018. Un ouvrage de près de 500 pages publié sous le titre : *M, la fin d'un monde et MôA*[2] *!*

Le contexte est le suivant : Barnérias, qui a réalisé quatre ans plus tôt un documentaire sur la Vierge Marie – *alias* « M » –, intitulé *M et le 3ᵉ secret*[3], expose dans

1. « Retraction—Hydroxychloroquine or chloroquine with or without a macrolide for treatment of COVID-19 : a multinational registry analysis », 4 juin 2020, https://www.thelancet.com/action/showPdf?pii=S0140-6736%2820%2931324-6 (PDF).

2. Pierre Barnérias, *M, la fin d'un monde et MôA !*, Klistic, 2018.

3. Pierre Barnérias, *M et le 3ᵉ secret*, TProd, 2014.

son autobiographie le *making-of* de son aventure, en se racontant en long, en large et en travers. Sans pudeur, aucune – il détaille même sa vie sexuelle. Le reste est tout en mégalomanie assumée : Barnérias consacre de très longues pages à sa participation au marathon de New York, édition 2015, où il mêle sa course dans les rues de la Grosse Pomme au récit du chemin de croix de Jésus…

On y lit aussi les premières traces d'une grille de lecture nettement complotiste. À propos des attentats du 11-Septembre, il écrit : « L'opinion publique mondiale est confisquée. On ne peut remettre en cause l'impensable. D'imaginer que les attentats aient pu être téléguidés par la Maison-Blanche serait remettre en cause l'incroyable émotion générée par l'effondrement de deux tours. C'est donc mission impossible. »

Publié deux ans avant la diffusion de *Hold-up*, son livre comprend au moins deux ingrédients clés du futur *blockbuster* de la dark information. Tout d'abord, le moment où Barnérias est sorti des rails de la production audiovisuelle classique, qu'il date précisément de la « saison » audiovisuelle 2004-2005. Il produit alors une série documentaire en six épisodes intitulée « Passeurs d'espoir », qui raconte les tribulations d'une famille française à la rencontre « d'hommes et de femmes de tous les continents qui se sont engagés pour changer les choses là où ils vivent »[1]. Problème : les relations entre le producteur et le diffuseur du programme, France 5, sont très compliquées, à tel point que Barnérias est persuadé d'avoir ensuite été blacklisté chez France Télévisions : « J'ai été rayé de la *short list* des producteurs fréquentables. Le milieu est très perméable aux langues

1. Le programme a été diffusé sur France 5 en décembre 2005.

de vipère. » Évoquant sa principale interlocutrice au sein du groupe audiovisuel public, il écrit même : « Elle m'a tué. Elle a flingué en moins d'un an les dix années de travail, de rigueur et de reconnaissance. À cette date, je ne connais toujours pas la raison d'une telle haine à mon égard. Pourquoi cet acharnement[1] ? »

Le réalisateur revient à de très nombreuses reprises sur cet épisode dans son ouvrage, comme une blessure originelle qui ne cicatrise pas. Je suis persuadé que cette mésaventure a contribué à le pousser sur les chemins de traverse de l'information.

Le second ingrédient, c'est le mode de financement et de diffusion de son documentaire de 2014, *M et le 3e secret*. Pour produire ce drôle d'objet audiovisuel, Barnérias est passé par un « système D ». Le budget de 700 000 euros a été levé principalement auprès de proches et de mécènes. À force d'acharnement, ça a fonctionné. Côté diffusion en salles, pas de distributeur, pas de budget promotion : Barnérias raconte dans son autobiographie un véritable tour de France de projections, entreprises par des fans obstinés et convaincants qui sont parvenus à faire programmer le film dans de petits cinémas, le plus souvent sous forme de projection-débat en présence du réalisateur... Là, encore, c'est la débrouille : Barnérias dort souvent chez l'habitant !

Et ça marche : il a réussi à attirer dans les salles une France (ultra-)catholique capable de s'émerveiller devant un documentaire sur le « pouvoir » de Marie. Bien sûr, Barnérias enjolive un peu la réalité quand il assure avoir réalisé « 70 000 entrées en salles » pour son documentaire, là où CBO Box Office, la référence du secteur,

1. Pierre Barnérias, *M, la fin d'un monde et MôA !*, *op. cit.*

n'en dénombre que 57 305… Mais la performance reste impressionnante.

Il me paraît évident que *Hold-up* n'aurait pas pu voir le jour sans la capacité de Barnérias à faire vivre un produit audiovisuel en dehors des pistes balisées.

*

* *

Que contient donc ce fameux film pour avoir créé tant de confusion et de polémiques ?

Il faut d'abord souligner une certaine qualité formelle. Les interviews réalisées au studio Invisu sont propres ; les plans en travelings réguliers donnent même une impression de moyens importants, et quelques prises de vues extérieures au drone « embarquent » le spectateur. Bref, sans être très subtil, la réalisation donne à l'ensemble une petite touche « Netflix » qui peut se révéler efficace… En revanche, sur le fond, les problèmes sont tellement nombreux qu'il est impossible de tous les évoquer. J'ai choisi d'en analyser deux, de manière totalement subjective : ils symbolisent selon moi ce règne de l'à-peu-près et de l'outrance qui caractérise *Hold-up* et la dark info en général.

Commençons par l'outrance, avec l'accusation la plus invraisemblable du documentaire : l'Institut Pasteur aurait créé le coronavirus dans un laboratoire au début des années 2000. Cette accusation est portée par Jean-Bernard Fourtillan. Du haut de ses soixante-dix-sept ans, dont trente-six années comme professeur agrégé de chimie thérapeutique à la faculté de médecine de Poitiers, Jean-Bernard Fourtillan a tout de l'expert « béton ». Même ses démêlés avec la justice pour des essais thérapeutiques sauvages sont vus par le réalisateur comme un bâton de maréchal, bien plus que comme un fardeau[1]. Le raisonnement de Fourtillan, qui n'est ni contredit ni relancé par Barnérias lors de l'interview, se fonde sur une lecture de documents présentés comme des brevets qui feraient remonter l'origine du Covid-19 à 2004. Sauf que le brevet « EP 1 694 829 B1 », effectivement déposé en 2004 par l'Institut Pasteur, porte sur une souche du Sras (Sars-Cov) qui est en réalité un autre coronavirus ayant touché 8 000 personnes dans 30 pays en 2002-2003 et fait plus de 700 morts. Un virus « cousin », donc, du Sars-Cov-2, lui-même à l'origine du Covid-19.

Autre moment hautement problématique de l'ovni *Hold-up* : le Forum économique mondial, également appelé « forum de Davos », rassemblement de sommités du monde du *business*, de la politique et de la culture organisé chaque année dans les Alpes suisses, est accusé d'être impliqué dans la diffusion du virus. Comment lie-t-on un club de dirigeants internationaux triés sur le volet à une accusation si farfelue ? Tout part de plusieurs publications du Forum, du « jus de crâne » si spécifique des *think tanks*, dont un livre intitulé *COVID-19 : The Great Reset*[2], qui, durant l'été 2020, à la sortie du premier confinement, cherchait (c'est très classique) à dessiner les contours du « monde d'après ».

Et ? Et c'est tout ! L'ouvrage, qui brasse près de 200 études réalisées à travers le monde, se veut du genre prospectif et propose de grands principes comme : « inciter

1. Ils vaudront tout de même à Fourtillan d'être placé en détention provisoire en avril 2021. Il sera remis en liberté en juillet. L'instruction, à ce jour, est toujours en cours. Voir également à ce sujet le chapitre 6 : « Dans l'Ardèche, "papi gâteau" enfile son treillis sur YouTube ».

2. Klaus Schwab et Thierry Malleret, *COVID-19 : The Great Reset*, Agentur Schweiz, 2020. La traduction française sortira le 25 septembre suivant aux éditions Forum Publishing sous le titre *COVID-19 : La Grande Réinitialisation*.

le marché à produire des effets plus équitables », « s'assurer que les investissements produisent plus d'équité et de durabilité » ou « profiter des innovations de la quatrième révolution industrielle pour soutenir le bien public »[1].

C'est sur ce flou que surfent Barnérias et les autres : un thème touffu et assez mystérieux, des contenus mal définis, qui suffisent pour que la sphère complotiste y voie un « plan secret » pour mener à bien la « grande réinitialisation de notre société ». Un virus créé par l'Institut Pasteur, un complot des élites mondiales pour dominer le monde de demain ; rien que sur ces deux *fake news*, *Hold-up* va nourrir la paranoïa de millions d'esprits friables déstabilisés par la pandémie.

C'est le début d'un engrenage que personne, à ce jour, n'est parvenu à arrêter.

---

1. Klaus Schwab, « Now is the time for a "great reset" », 3 juin 2020, https://www.weforum.org/agenda/2020/06/now-is-the-time-for-a-great-reset/

2

Mais au fait, pourquoi ce terme « dark information » ?

Comment appeler cette nouvelle zone grise de l'information ? De nombreux concepts déjà existants pourraient être retenus pour qualifier ce monde parallèle et souterrain, où se côtoient faussaires patentés, manipulateurs en chef et décrocheurs sincères, lassés des codes de l'info traditionnelle.

Le problème, c'est que ces notions sont souvent extrêmement connotées. Le piège classique : l'une des formules qui reviennent souvent dans la bouche de mes différents interlocuteurs est « information alternative », parfois déclinée en « médias alternatifs », qui se seraient construits en opposition à ceux dits *mainstream*.

Évidemment, lorsque l'on dit « alternatif », on pense d'abord à des supports de presse placés bien à gauche sur l'échiquier. Dans l'édition datée de février-mars 2010 du magazine bimestriel *Manière de voir* du *Monde diplomatique*, classé à la gauche de la gauche, étaient ainsi listés une dizaine de sites Internet labellisés, en toutes lettres, « Information alternative » : Acrimed, Basta, *CQFD*, *Fakir* – le magazine du futur député apparenté La France insoumise François Ruffin.

De l'autre côté du spectre politique, Martial Bild, le patron de TV Libertés, une webtélé lancée en janvier 2014 par d'anciens cadres du Front national, se délecte de la dualité « alternatif vs *mainstream* ». Il se fait même un malin plaisir, lorsque je le rencontre, de la revendiquer comme étant sa boussole éditoriale, qu'il aurait chipée aux « gauchistes »[1].

Même *leitmotiv* chez Richard Boutry, ancien journaliste présentateur de France Télévisions et TV5 Monde, lorsqu'il lance sa webtélé, La Une TV, le 3 juillet 2021 à Nancy, au milieu d'une foule d'antivax et d'anti-pass sanitaire, et aux cris de : « Il faut une alternative, et on va la créer[2] ! »

On le voit, ce qu'on appelle « info alternative » aujourd'hui correspond à un vrai fourre-tout, peu opérant, et tenant lieu d'énoncé performatif : finalement, est alternatif celui qui annonce être alternatif, et… c'est tout. Peu convaincant à mes yeux.

*

* *

Une autre piste, bien plus sérieuse, a été soulevée par Bruno Patino, le président de la chaîne ARTE et directeur de l'école de journalisme de Sciences Po Paris, Dominique Cardon, le directeur du Sciences Po Médialab, et Théophile Lenoir, chargé d'études à l'Institut Montaigne. Dans un long rapport publié en juin 2019, ces trois intellectuels français, spécialistes reconnus de l'information et de sa diffusion, tentaient une catégo-

1. Voir chapitre 11 : « Comment les "ancêtres" de TV Libertés ont viré complotistes ».
2. Voir chapitre 3 : « La dark info, combien de divisions aujourd'hui ? »

risation ambitieuse de 420 médias français, basée sur l'analyse de 18 millions de tweets et 60 000 articles d'information[1]. Le résultat à l'issue de cette vaste entreprise ? Un gâteau façon pièce montée de quatre couches concentriques.

Première couche en partant du centre : le « cœur » des médias, autrement dit ceux « cités par tous et ne citant personne en retour », à l'image des principaux titres de presse écrite : *Le Monde*, *Le Figaro*, *Libération*, *Le Parisien*, *20 minutes*, *Les Échos*, etc.

Deuxième couche : la « couronne », qui serait composée des « médias autour du cœur, citant le cœur et les médias satellites ». Y figurent les médias très militants, comme Russia Today, Fdesouche, *Causeur*, *Valeurs actuelles* ou Contrepoints.

Viendraient ensuite, en troisième couche, les « satellites », autrement dit les « médias à la marge, citant tous les médias mais n'étant cités par aucun en retour ». On y retrouverait, toujours selon les trois intellectuels, des médias comme Les Crises, Égalité et Réconciliation, Fawkes News.

Enfin, quatrième couche : des médias dits « de niche », soit des « médias indépendants cités en petite quantité par tous, et citant le cœur uniquement ». Pour les trois auteurs, cette dernière catégorie est composée de la « presse locale et [d]es magazines spécialisés ».

Cette cartographie passionnante est construite sur l'étude des hyperliens qui relient entre eux ces différents médias[2]. Stimulante, cette lecture, qui repose sur

1. Bruno Patino, Dominique Cardon et Théophile Lenoir, « Media polarization "à la française" ? Comparing the French and American ecosystems », Institut Montaigne, mai 2019, https://www.institutmontaigne.org/ressources/pdfs/publications/media-polarization-a-la-francaise-rapport.pdf

2. Un hyperlien, c'est un lien Internet qui « renvoie » d'une page Web

une grille d'analyse finalement assez marxiste, opposant « centre » et « périphérie », me semble toutefois se fonder sur des écosystèmes bien trop datés. Twitter est un microcosme certes ouvert et assez facile à analyser pour des chercheurs, mais qui ne représente qu'une infime partie des pratiques informationnelles. Surtout, il s'agit, selon l'approche des auteurs, d'observer l'information produite sous forme d'articles écrits… Un format maintenant un peu dépassé.

Aujourd'hui, les « décrocheurs » s'informent d'abord et avant tout avec des vidéos, diffusées sur YouTube ou Odysee, dans des groupes Facebook, WhatsApp ou Telegram privés, *via* des *stories* Instagram éphémères. Or, tous ces lieux échappent totalement à l'analyse des chercheurs, ce qui me semble problématique. Le film *Hold-up*[1] n'entrerait pas plus dans cette grille de lecture du « cœur » et de la « périphérie ». Il ne s'appuie en effet sur aucun média classique et repose uniquement sur de la production de contenus vidéo.

Faut-il alors, lorsque l'on évoque les intentions de ces « faussaires de l'info » et de ceux qui se complaisent dans la nébuleuse de la dark information, parler de complotisme ? Le mot est vendeur, c'est sûr. Il s'applique d'ailleurs à merveille à une partie des interlocuteurs rencontrés au cours de ces longs mois d'enquête, qui finissent par lire l'information seulement par le prisme de l'idée d'un complot permanent.

à une autre. Dans un article, un hyperlien est inséré par l'auteur pour suggérer une lecture, pour donner une source… L'analyse des médias en ligne se base régulièrement sur l'analyse des hyperliens entre différents sites, qui peut être opérée de manière assez efficace et simple par des robots.

1. Voir chapitre 1 : « *Hold-up. Retour sur un chaos* : le documentaire complotiste qui a semé le trouble ».

Je n'avais jamais entendu autant d'« ils » ou d'« elles » énigmatiques dans la bouche de mes sources, ni lu de telles cargaisons d'obscurs messages évoquant un indéfinissable « nouvel ordre mondial ». Je reste toutefois persuadé que le terme « complotiste », tout comme « conspirationniste », est désormais employé à toutes les sauces et rejette tout interlocuteur ainsi qualifié en dehors de l'acceptabilité, le stigmatisant et l'excluant d'office du débat.

Un exemple parmi d'autres : malgré les emprunts aux codes du complotisme, malgré la diffusion de longues interviews extrêmement bienveillantes de certaines stars de la complosphère, qualifier ainsi la chaîne YouTube Livre Noir[1], qui a déboulé dans le débat d'idées avec une interview d'Éric Zemmour en juin 2021[2], serait un contresens total.

*

* *

J'en suis donc arrivé au terme « dark information ». J'ai choisi d'emprunter à la culture numérique le mot « dark » pour trois raisons. Tout d'abord pour son lien évident avec le dark net, zone du Web non indexée par les moteurs de recherche traditionnels. Contrairement à la croyance populaire, l'accès au dark net n'a rien de compliqué, et ne nécessite en aucun cas d'être un hacker patenté. Il suffit de deux ingrédients : un VPN, autrement dit un logiciel qui vous permet de rejoindre un

---

1. Voir chapitre 12 : « Les jeunes branchés de Livre Noir, les rois de la manipulation ».

2. Vidéo qui totalisait 1,1 million de vues à l'automne dernier selon le compte Twitter de Livre Noir. Voir chapitre 12 : « Les jeunes branchés de Livre Noir, rois de la manipulation ».

réseau d'ordinateurs (comme celui que vous utilisez pour accéder à distance au réseau de votre entreprise), et un navigateur Internet spécifique. Le plus utilisé s'appelle « Tor » et ressemble comme deux gouttes d'eau au navigateur Mozilla de Firefox.

La dark info emprunte au dark net cette facilité d'accès : j'ai exploré des lieux prétendument réservés aux initiés qui se sont révélés très aisés à pénétrer. Je n'ai mis que quelques secondes pour me retrouver en contact frontal avec les théories les plus folles sur l'actualité. J'ai bien eu, de temps en temps, à remplir un formulaire pour rejoindre un groupe Facebook privé, par exemple, mais rien de plus... Je n'ai jamais caché mon identité en ligne, pas plus, donc, que mon métier de journaliste, accessible d'une simple recherche sur Google. Une partie de la dark info emprunte également au dark net son caractère non référencé – autrement dit non indexé par les moteurs de recherche traditionnels. Un message posté dans un groupe Télégram ou sur WhatsApp n'apparaît pas dans Google, par exemple.

« Dark », c'est également un phénomène à l'œuvre dans l'économie numérique, notamment dans le cas de la livraison de biens à domicile. On peut ainsi penser aux *dark kitchen*[1], ces ateliers où sont préparés à la chaîne des plats destinés à être livrés par des plateformes comme Deliveroo ou Uber Eats, pour ne citer qu'elles, et qui n'ont plus rien à voir avec des restaurants traditionnels. Ou bien encore aux *dark stores*[2], ces supermarchés sans

1. Voir, par exemple : Claire Sicard, « Tout savoir sur les dark kitchen, ces restaurants "fantôme" qui font polémique », in Business Insider, https://www.businessinsider.fr/tout-savoir-sur-les-dark-kitchen-ces-restaurants-fantome-qui-font-polemique-187125

2. Voir, par exemple : Cécile Prudhomme, « Les "dark stores", ces supermarchés sans clients et entièrement conçus pour la vente en ligne », in

clients, eux aussi entièrement dédiés à la livraison *via* des applications spécialisées, qui se multiplient dans les centres des grandes villes.

« Dark » fait enfin référence à une technique de marketing numérique que l'on appelle les « dark posts » : des contenus créés par une marque ou une institution dans le seul but d'être diffusés sous forme de publicité sur Facebook ou Instagram. Sauf que, à l'œil nu, lorsque vous ouvrez ces réseaux sociaux, rien ne distingue, ou presque, ces publications dans votre fil d'actualité. L'avatar du compte en question s'affiche, une photo ou une vidéo, un petit texte de lancement…

La seule différence se joue sous le post : la mention « sponsorisé » est apposée ; cependant, très peu d'utilisateurs la relèvent réellement. Autre spécificité : les dark posts ne se retrouvent pas parmi les autres publications de la marque ou de l'institution : il s'agit d'une pub qui « vole », à laquelle vous ne pouvez pas accéder depuis la page Facebook ou le profil Instagram de l'annonceur.

De prime abord, rien de bien problématique. Les réseaux sociaux permettent à des annonceurs de diffuser des publicités auprès de communautés très ciblées, sans « noyer » l'ensemble de leurs abonnés avec ce contenu. Ces formats sont bien connus des spécialistes du marketing numérique, et servent habituellement à vous donner envie d'acheter un produit, de commander un plat, de souscrire un abonnement à une plateforme vidéo, etc. Mais, très vite, des petits malins se sont engouffrés dans la brèche. En 2016, en Grande-Bretagne, lors de la campagne référendaire sur le Brexit, le camp du « Leave »

Le Monde, 17 mars 2021, https://www.lemonde.fr/economie/article/2021/03/17/dark-store-plongee-dans-un-supermarche-de-l-ombre_6073393_3234.html

s'en est donné à cœur joie sous l'impulsion de son stratège en chef, Dominic Cummings, qui diffusait auprès d'audiences extrêmement ciblées des contenus les plus orientés possible, comme des messages sur la défense de l'industrie auprès d'ouvriers, ou sur les récentes inondations pour des habitants du Yorkshire, dans le but de leur donner l'impression qu'on s'intéressait tout particulièrement à leurs problèmes. Et Cummings avait les moyens de dépenser des fortunes en dark posts, jusqu'à 300 000 euros par jour[1] !

Ce nouveau type de stratégie, par excellence, raconte la manipulation de l'opinion à des fins d'influence ou de profits financiers. Exactement comme ces faussaires de l'info qui surfent allégrement sur le désarroi, la naïveté ou les rancœurs d'internautes plus égarés que jamais…

---

1. Voir Antoine Bayet, *Les réseaux sociaux sont-ils dangereux ?*, éditions First, 2021, chapitre 4, « 2016, *annus horribilis* des réseaux sociaux ».

3

La dark info, combien de divisions aujourd'hui ?

La question peut donner le vertige mais est absolument incontournable : combien de Français sont aujourd'hui adeptes de la dark information, ou en tout cas exposés à elle ?

Mon travail de recension débute le samedi 3 juillet 2021 à Nancy. Cet après-midi-là, l'atmosphère sent bon le début des vacances d'été. Bien sûr, la vie est encore marquée par la crise sanitaire. Les serveurs des restaurants de la place Stanislas portent des masques et invitent leurs clients à se laver les mains au gel hydroalcoolique. Mais, à l'image du marché des artisans qui s'étale dans les allées du parc de la Pépinière, la vie commerçante reprend ses droits dans le centre-ville, qui s'anime doucement en ce premier samedi des soldes d'été.

Dans la presse locale, on commente encore le résultat des élections régionales, avec la victoire, la veille, du président du conseil, Jean Rottner. On raconte l'histoire improbable de ce chauffeur de taxi qui, tel Samy Nacéri dans le film *Taxi*, a joué la course de sa vie en prenant en charge un lycéen parisien qui devait aller passer son oral du bac français à Reims, le 29 juin. Concentré sur ses fiches de révision, le jeune homme avait loupé l'arrêt du train, était descendu à la gare de Nancy, où sa folle course en taxi avait débuté. Et on se félicite de la fin de la grève des éboueurs de la RIMMA Veolia, qui avaient cessé le travail depuis quatre jours, laissant les poubelles s'accumuler dans les rues commerçantes du centre-ville…

En revanche, ni le quotidien *L'Est républicain*, ni l'hebdomadaire *La Semaine* n'évoquent le rassemblement organisé ce jour-là sur la place Maginot, en plein cœur de la capitale lorraine, et qui m'a amené ici.

Rassemblement ? Cela peut sembler un bien grand mot *a priori*. Une heure avant le début programmé de l'événement, les cinq barnums installés à l'ombre des platanes semblent très, très vides, et les tests de sono sont peu concluants. Personne, parmi les passants que j'interroge, ne semble savoir ce qu'il va se passer ici… Une heure plus tard, pourtant, plus aucun doute : devant une foule que j'ai estimée à environ 2 500 personnes au plus fort de l'après-midi, cinq stars du mouvement antivax se relaient au micro. L'assistance est dense, variée – on voit des royalistes drapeaux au vent, des militants altermondialistes, comme des défenseurs de Julian Assange. Avec un point commun bien visible : aucun des participants ne porte de masque.

*

* *

Au micro, la députée Martine Wonner, cinquante-sept ans, est la première à prendre la parole. À la ville, elle est médecin psychiatre, élue à l'Assemblée nationale en 2017 sous les couleurs de La République en marche, dans la quatrième circonscription du Bas-Rhin, près de

Strasbourg[1]. Après trois premières années de mandat relativement discrètes, l'élue a commencé à faire parler d'elle dès le début du confinement, en mars 2020, en créant un collectif de médecins baptisé « Laissons-les prescrire » – comprendre, évidemment, « laissons-les prescrire… de l'hydroxychloroquine ».

Le professeur Christian Perronne, soixante-six ans, longtemps chef du service des maladies infectieuses de l'hôpital de Garches, est également en première ligne. Par le passé, il a présidé la commission maladies transmissibles du Haut Conseil de la santé publique (HCSP), a eu des responsabilités dans des groupes de travail à l'Agence nationale de sécurité du médicament (ANSM), ou encore à l'Organisation mondiale de la santé (OMS). Bref, il a le CV d'un ponte tout ce qu'il y a d'installé et de reconnu.

Depuis quelques mois, le professeur Perronne est devenu une sorte de rock star pour tous ceux qui contestent la gestion de la crise sanitaire par les autorités. Et, surtout, un grand vendeur dans les librairies, où cartonnent ses deux ouvrages récemment publiés chez Albin Michel, dont les titres provocateurs disent tout de la ligne résolument offensive adoptée par le médecin parisien : *Y a-t-il une erreur qu'ils n'ont pas commise ? Covid-19 : l'union sacrée de l'incompétence et de l'arrogance* (juin 2020), puis *Décidément, ils n'ont toujours rien compris ! Covid-19 : celui qui dit la vérité doit être exécuté !* (mars 2021).

Monté sur la tribune, Christian Perronne enfourche avec fougue et sans modération son thème du moment : « Pour moi, le pire crime, c'est d'imposer le masque aux enfants toute la journée. Il y a eu des suicides d'enfants

1. Voir chapitre 9 : « Martine Wonner : quand la dark info débarque à l'Assemblée ».

mal dans leur peau. J'ai des amis psychiatres infantiles. Il y a des enfants qui se sont pendus, d'autres qui se sont jetés par la fenêtre de l'hôpital Robert-Debré à Paris. C'est horrible ce que l'on a fait aux enfants, les petits n'arrivent plus à parler parce qu'ils ne voient plus les lèvres bouger !... », déclame le professeur au micro, applaudi à tout rompre. Le plus souvent, la manipulation de l'information repose sur un grand classique : cette source si pratique et invérifiable de « l'ami qui m'a dit que... ».

On retrouve encore l'ancien journaliste de France Télévisions Richard Boutry, cinquante-six ans, éphémère intervieweur pour le « nouveau » *France-Soir*[1] et qui, depuis le début de l'année 2021, sillonne la France au volant de son camping-car pour y enregistrer « La minute de Ricardo », un éditorial vidéo en mode *selfie*. Sur le flanc du véhicule, une sérigraphie aux faux airs warholiens représente un Boutry au regard pénétré. C'est un peu pour lui, d'ailleurs, que je suis venu à Nancy : on m'a glissé que, ce samedi, il pourrait en dire un peu plus sur le média qu'il compte lancer...

Sans oublier l'avocat Carlo Alberto Brusa[2], soixante-et-un ans, qui explique avoir contribué financièrement à l'organisation du rassemblement. Brusa n'est pas venu

1. Voir chapitre 10 : « Et l'illustre *France-Soir* devint la bible des complotistes... »

2. Maître Carlo Alberto Brusa, installé en France depuis bientôt trente ans, est un avocat spécialiste du droit du sport : il a représenté à plusieurs reprises Didier Deschamps et Zinedine Zidane, mais il a aussi été l'avocat de Franck Ribéry dans l'affaire Zahia. En avril 2020, Brusa, qui, à la fin des années 2000, a été candidat aux élections parlementaires italiennes sous les couleurs de « Forza Italia », le parti de Silvio Berlusconi, crée une association baptisée « Réaction-19 ». Son objectif : faire la guerre aux mesures « liberticides », selon lui, prises par le gouvernement dans la gestion de la crise du Covid-19. Il revendique 70 000 adhérents à 10 euros l'adhésion.

seul ; il a embarqué avec lui son journaliste, Walid, vingt-sept ans, qui filme les interventions et les diffuse en direct sur plusieurs pages YouTube et Facebook.

Enfin, à l'affiche du jour, il y a également Ingrid Courrèges, trente-sept ans, connue pour avoir participé à l'édition 2015 de l'émission de TF1 « The Voice ». Avant de devenir l'une des chanteuses stars de ceux qui se nomment souvent, entre eux, les « éveillés ». Ce samedi, elle propose, entre les discours, plusieurs arrangements d'airs connus, agrémentés de paroles de sa plume. Prenez, par exemple, la mélodie du tube de l'été 1984, *Femme libérée* de Cookie Dingler ; et voici la version entonnée par Courrèges, sous le soleil de la place Maginot :

À la télé toujours plus de morts,
Tu mets BFM et t'es à Pearl Harbor,
Ils veulent nous faire peur, en nous parlant de guerre,
Pour mieux faire passer leur dictature sanitaire [...]
Si tu n'adhères pas à la pensée unique,
T'es qu'un complotiste, un égocentrique,
Manifester pour eux pas question,
Y a-t-il encore une liberté d'expression ? Non !

Deux médecins, un avocat, un ancien journaliste, une chanteuse de télécrochet : s'ils sont variés, les profils des animateurs en chef de ce rassemblement, où la dark info règne en maîtresse dans le public venu les applaudir, n'ont rien de « hors système ». Au contraire. Tous ont aussi en commun de drainer grâce à leurs noms de vastes communautés numériques. Si l'on additionne les seuls abonnés aux pages Facebook de ces nouvelles figures du débat public, on arrive à près de 400 000 « fans » !

*
* *

Côté public, il y a ceux qui sont plutôt mesurés. Vincent et sa femme, Aurélie, quarante-quatre et quarante-deux ans, sont tous les deux enseignants, l'un en école primaire, l'autre au collège, en anglais. Ils vivent à Pont-à-Mousson, à une trentaine de kilomètres de Nancy, et ont confié cet après-midi-là leurs deux filles aux parents d'Aurélie. S'ils sont venus, c'est parce qu'ils ont été attirés par le nom de Christian Perronne. Lorsque je leur demande comment ils ont découvert ce dernier, ils se souviennent d'avoir entendu sa voix traînante, un peu chevrotante, pour la première fois sur Europe 1, « [leur] radio », à la sortie du premier confinement. Le médecin était ce 16 juin 2020 l'invité de la matinale. « On a eu l'impression d'entendre ce jour-là quelqu'un qui disait tout haut ce que tout le monde pensait tout bas, notamment sur les conflits d'intérêts des différents experts », me raconte Aurélie. C'est Vincent qui, après cette interview, a acheté le livre. Puis il a « fouillé », comme il dit. Il s'est notamment inscrit à la page Facebook de Martine Wonner. Et c'est là qu'il a vu l'appel au rassemblement d'aujourd'hui... Les deux enseignants m'expliquent cependant ne pas pratiquer de militantisme ouvert sur Facebook : « On pense que nos proches ne comprendraient pas... »

Mais d'autres profils sont beaucoup, beaucoup plus énervés. Et, loin de chercher à les canaliser, nos « influenceurs-têtes d'affiche » vont les aider à se faufiler jusqu'au micro. Ils vont même les chauffer à blanc.

Prenez Martine Wonner, qui la joue volontiers participatif. Depuis l'escabeau où elle est juchée, elle tend régulièrement son micro à des participants tout au long de son intervention.

« Libertéééééééééé ! Retrouvons notre liberté ! » hurle un premier participant sollicité par l'élue de la République. Un peu plus tard, un autre s'époumone : « Le problème, c'est qu'on a des députés, des sénateurs, des maires… On a un président qui est pourri ! Des vendus ! » À celui-là, Martine Wonner ne tend pas le micro, mais elle semble opiner du chef et valider : « Vous avez raison, monsieur, et vous n'êtes pas le seul à le penser ! Les dernières échéances électorales, les élections régionales et départementales, nous ont démontré que les Français n'en peuvent plus. 70 % d'abstention, c'est du jamais vu ! Ça exprime le fait que vous n'en voulez plus… Vous n'en voulez plus de ce gouvernement de… »

Après avoir bien excité cette petite foule, elle continue, sans aucune prudence, de tendre le micro à ses fans. « On sait tous quels sont les problèmes. Ce qu'il faut, c'est qu'on trouve la stratégie pour les foutre dehors, tous ces enculés ! » éructe un participant, plutôt bien apprêté dans sa chemisette à carreaux et son pantalon beige, lunettes de soleil sur le crâne.

« Je l'aurais dit un peu différemment, mais… euh… merci ! » minaude juste Martine Wonner en retour. Pas du tout refroidie par ce qu'elle vient d'entendre, la parlementaire fait venir un nouveau manifestant à ses côtés. La députée alsacienne joue la carte du « nous » collectif, de la France d'en haut contre la France d'en bas, et relance : « Nous sommes repérés comme étant des complotistes, mais c'est important que je puisse vous donner la parole, pour que, là-haut… Ils ont toujours l'impression que, dans l'hémicycle, je suis toute seule. Et c'est vrai, ils ont raison, dans l'hémicycle, je suis vraiment toute seule… Mais je sais que, vu le nombre que vous êtes, et vu la France entière… je ne suis pas seule ! Et c'est important que vous puissiez vous exprimer… Monsieur, je vous donne la parole… »

C'est alors que, sous le regard de Martine Wonner, se déroule un moment profondément gênant. L'interlocuteur de la députée se lance : « Le gouvernement a sacrifié nos aînés avec le Rivotril[1] […]. Il est interdit de donner le Rivotril aux personnes qui ont des problèmes pulmonaires […]. On l'a donné exprès ! » Martine Wonner a déjà développé par le passé ces théories sur ce puissant sédatif utilisé en soins palliatifs. Lors d'une prise de parole à Marseille, le 22 mai, elle avait allumé la mèche : « Toutes ces personnes âgées qui ont été achevées, assassinées, seules, avec du Rivotril ! Ceci est absolument impardonnable, et ceci s'appelle un crime contre l'humanité… » Alors, sous le soleil de Nancy, son « fan » reprend tout naturellement la même dialectique et hurle dans le micro : « Donc, c'est quoi ? C'est un génocide ! On les a tués ! On les a tués ! La personne qui dit qu'on ne les a pas tués, c'est un menteur. On devrait remettre la guillotine ! Et pour les membres du gouvernement en premier ! Ils devraient être guillotinés ! »

Foutre dehors les « enculés » qui gouvernent, dénoncer des « génocides », appeler à guillotiner des

1. Le Rivotril est un sédatif habituellement utilisé dans le traitement de l'épilepsie, dont la composition se rapproche également du Midazolam, un médicament très utilisé en soins palliatifs, et qui permet d'endormir le patient jusqu'à son décès pour lui épargner de mourir de suffocation. L'utilisation du Rivotril a été étendue lors des confinements de mars et octobre 2020, et sa vente notamment autorisée dans les pharmacies de ville pour permettre d'éviter une pénurie de Midazolam. Mais l'administration de Rivotril ou de Midazolam ne signifie en aucun cas un arrêt des soins !

ministres… Là, très clairement, on est monté de plusieurs crans dans le dérapage incontrôlé. À la frange de l'appel au meurtre ! Cette fois, Martine Wonner ose tout de même un petit mouvement désapprobateur de la tête. Mais pas de condamnation claire. Et sa première réaction est même… une tentative de récupération politique dénuée de tout scrupule ! « Même si, actuellement, on n'est plus tellement en démocratie, je pense que la colère doit se traduire dans quelques mois dans les urnes. Et que toutes les personnes qui se sont abstenues d'aller voter aillent voter en 2022 ! »

*

* *

Au tour de Richard Boutry de prendre le micro. Jean délavé mais chemise beige repassée, l'ancien présentateur cultive des airs de baroudeur.

Il grimpe à son tour sur l'escabeau, face à cette petite foule déjà conquise. Lève régulièrement le poing en l'air. Son discours surfe sur les appels à l'insurrection : « On a besoin des forces de l'ordre, on a besoin de la police avec nous, et la police est là, et je tiens à leur rendre hommage. Je tiens aujourd'hui à ce que la police tourne casaque, tôt ou tard [...]. Nous, on ne veut pas de sang, que ce soit clair… On ne veut pas de sang, on veut simplement éveiller les consciences. [...] La présence ici de toutes ces personnalités de renom et de premier plan va permettre tôt ou tard de faire basculer les choses, et va permettre aujourd'hui à tous nos opposants de retrouver leur vraie place, c'est-à-dire ailleurs qu'au pouvoir ! »

« Éveiller les consciences » pour mettre les dirigeants de la France dehors avec l'aide de la police, et tout cela sans effusion de sang. Vaste programme !

L'ancien journaliste enchaîne sur quelques infos dont il reconnaît lui-même qu'elles sont par définition invérifiables : « J'ai fait 700 kilomètres exprès pour aller voir le fondateur du site "Place d'armes"[1]. Aujourd'hui, ils sont, selon lui, quasiment 150 000, des membres du pouvoir régalien, des gendarmes, des policiers [...]. Cet homme nous a dit que, de fil en aiguille, ça allait de plus en plus loin... Et c'est vrai qu'une très, très grosse partie, une majorité... Je vais pas donner le chiffre, parce que ça va être repris, ça va être dénaturé... Mais je vais vous dire, une très grosse partie des forces de l'ordre aujourd'hui, et de l'armée, est de notre côté, il faut le savoir ! »

S'ensuit une allusion au IIIe Reich, totalement surréaliste dans ce contexte précis : « Je suis allé en Suède, en Norvège, je suis redescendu jusqu'à Prague, j'ai traversé l'Allemagne. Je suis allé voir les musées nazis pour voir comment le pouvoir s'était installé... »

Il n'en dira pas plus, préférant sans doute laisser chacun de ses « fans » imaginer la suite de cette nauséabonde incise...

Place ensuite aux thèmes favoris de Boutry : la détestation, la contestation et le contournement des médias

1. Jean-Pierre Fabre-Bernadac, soixante et onze ans, ancien capitaine de gendarmerie, ancien patron du service de sécurité du Front national, le « DPS », a créé le site « Place d'armes » début 2021. C'est là qu'il a diffusé une « lettre ouverte » à Emmanuel Macron, dans laquelle il s'inquiète du « délitement qui frappe notre patrie », et évoque la possibilité d'un coup d'État militaire. Cette lettre, signée par 500 « milis » à la retraite, relayée par Sud Radio et *Valeurs actuelles*, a provoqué une polémique médiatique nationale en avril 2021. La ministre chargée de l'Industrie, Agnès Pannier-Runacher, avait alors raillé un « quarteron de généraux en charentaises qui appelle au soulèvement ».

traditionnels. En commençant par un couplet sur les instituts de sondages : « Et tous ces sondages, et toutes ces feuilles de chou, là, qui paraissent jour et nuit et qui vous disent l'inverse ! Il faut dire que tous les instituts de sondages, et faites-le savoir autour de vous, sont tenus par les amis de Macron... »

Il poursuit avec l'inévitable couplet anti-BFMTV, média qui semble symboliser à lui seul l'ensemble de l'information télévisée : « Il faut un BFMTV *bis*. BFMTV, c'est une chaîne de merde [...]. Il faut véritablement une alternative à cette chaîne, c'est plus possible de voir ça. C'est plus possible, tout simplement. »

Arrive enfin le moment que j'attendais : des détails sur sa future chaîne. « Sur les médias sociaux, [...] notre énergie est éparpillée partout [...], on ne crée pas cet effet de masse. Eh bien, sachez-le, nous avons décidé de créer une chaîne qui s'appelle "La Une TV", et qui verra le jour le 1er septembre ! Et cette chaîne, [...] ce sont les Français qui la souhaitent, c'est pas le gouvernement ! Elle sera testée dans un premier temps, forcément, sur Internet, parce qu'on a besoin, aussi, de faire nos armes. Et très rapidement, on va monter en puissance, on va devenir une chaîne satellitaire [...]. Le pouvoir médiatique, il doit être d'opposition, il doit se regrouper en un seul et même média. "La Une TV", ce sera la quintessence de ce qu'il y a de mieux chez les autres. Cette chaîne, elle n'appartiendra pas à Richard Boutry, ni à Paul ou Jacques. Elle appartiendra au peuple. Ce sera la vôtre ! C'est une chaîne que vous voulez, que vous souhaitez. Parce que c'est à travers l'effet de masse que l'on va pouvoir faire bouger les lignes. »

Une sacrée ambition et des promesses qui n'engagent à rien, mais qui seront pourtant chaudement accueillies.

À l'applaudimètre, Boutry se place très, très haut ce samedi après-midi.

En attendant la naissance de sa chaîne, l'ancien journaliste lance un appel : « Et souvent, on me dit : "Mais qu'est-ce qu'on peut faire ?" Eh bien : être présent, "forwarder" nos vidéos, être présent sur les réseaux sociaux. Et ne pas avoir peur, surtout ! »

J'ai l'impression d'entendre un influenceur, et je m'attends presque à ce que Boutry balance un : « Et n'oubliez pas de lâcher un *like*... »

Anecdotique, ce rassemblement nancéien du 3 juillet ? Pas à mes yeux. Il montre de façon irréfutable la pénétration tranquille de la dark info dans le monde réel, au plus profond et intime d'une partie de la population française.

Avant de quitter la place, je retrouve Vincent et Aurélie, qui me racontent avoir été tellement convaincus par Richard Boutry qu'ils ont prévu de lui glisser une petite enveloppe remplie d'argent liquide, « pour l'aider ».

Selon les informations recueillies sur place, personne n'attendait tant de monde à Nancy. Une source policière m'a ainsi confié que la mobilisation prévue ne devait pas dépasser 150 à 200 personnes.

*

* *

Deux semaines plus tard, le 17 juillet 2021, me voici dans les rues de Paris. Cinq jours plus tôt, lors d'une intervention solennelle sur fond de tour Eiffel, le président de la République, Emmanuel Macron, a annoncé la mise en place du pass sanitaire dans certains lieux publics, et ce dans un délai qu'il souhaite le plus rapide possible.

Très habilement, un homme politique a aussitôt compris qu'il pouvait surfer sur l'opposition à cette mesure, souvent ressentie comme « autoritaire » : Florian Philippot, ancien vice-président du Front national, s'est lancé, fin septembre 2017, sous sa propre bannière avec un parti opportunément baptisé « Les Patriotes ». Depuis plusieurs mois, il manifeste tous les samedis contre la gestion gouvernementale de la crise sanitaire. Dopé par cette annonce présidentielle, il a aussitôt intensifié sa production de contenus sur les réseaux sociaux.

Dès le lendemain de l'allocution du chef de l'État, en début d'après-midi, les premiers appels à manifester circulent déjà sur les groupes Telegram pro-Philippot. Un visuel est barré d'un tonitruant et énigmatique : « Défilé historique pour la liberté ! Samedi 17 juillet à partir de 15 heures place du Palais-Royal, Paris Ier ».

Pas d'organisateur désigné. Pas de mot d'ordre clair, si ce n'est défendre la « Liberté ». Et si Florian Philippot apparaît bien au premier plan de l'image qui tourne sur les boucles Telegram, son nom n'est présent nulle part.

Et pourtant, ce samedi, sous les fenêtres du Conseil d'État, il y a foule sur la place du Palais-Royal. Très vite, je repère bien sûr Richard Boutry, qui a réussi à se faufiler avec son camping-car dans la masse des manifestants. Il est littéralement ovationné.

Puis, au premier rang de la manif, je retrouve plusieurs visages connus : Martine Wonner, de nouveau, le chanteur Francis Lalanne. À leurs côtés, deux candidats déclarés à l'élection présidentielle : Nicolas Dupont-Aignan, et, évidemment, Florian Philippot. Au deuxième rang, l'ancienne star de télé-réalité Mickaël Vendetta[1].

1. Voir chapitre 14 : « La planète *people* en ébullition ».

Toute la logistique est assurée par le mouvement de Florian Philippot : les sonos, la société de sécurité privée, et, encore plus symbolique, toute l'organisation du carré de tête – gérée, à l'ancienne, par le mouvement de jeunesse de l'ancien bras droit de Marine Le Pen. Khadra, la vidéaste militante que j'accompagne ce jour-là, est la première surprise, et n'en revient pas d'une telle mobilisation[1]. « J'ai pu me rendre compte que c'était des gens qui n'ont pas l'habitude de sortir. Vraiment, c'était une belle journée », me glissera-t-elle le soir dans une petite note audio sur WhatsApp.

J'ai croisé des familles cathos versaillaises aussi bien que des manifestants en gilets jaunes. Et ce même si un appel, notamment porté par Jérôme Rodrigues, appelait les Gilets jaunes à manifester dans le sud de Paris à la même heure, pour ne pas se mélanger, ni apporter de soutien à Florian Philippot. J'ai également vu des soignants en blouse blanche – dont les badges m'ont appris qu'ils étaient plus souvent aides-soignant(e)s ou infirmier(e)s que médecins.

Comme ils le font depuis plusieurs semaines, de nombreux manifestants utilisent des références à l'apartheid ou à la Seconde Guerre mondiale. La manière la plus fréquente, et pas la moins choquante, de le faire étant d'arborer une étoile jaune sur laquelle figure la mention « non vacciné ».

Rue des Saints-Pères, un manifestant regarde le cortège passer depuis le trottoir, tout fier de capter les regards avec une pancarte sur laquelle il a parodié la une du quotidien collaborationniste *Le Matin* du 19 octobre 1940, qui, sur huit colonnes, annonçait joyeusement :

1. Voir chapitre 7 : « Depuis la porte de Clichy, Khadra court les manifs, toujours prête à s'engager… y compris pour le pire ».

« Le statut des Juifs est promulgué ». Une couverture détournée, avec l'antisémitisme le plus crasse, ce 17 juillet, dans les rues de Paris, en un : « Le statut des antivax est promulgué ». Autant de références nauséabondes qui en disent long sur les errances idéologiques de certains manifestants présents…

*

* *

Quels mots d'ordre pour ce défilé hétéroclite ? « Liberté », c'est le cri de ralliement, mais ce n'est pas forcément celui que l'on entend le plus.

Il y a clairement deux figures honnies : le président de la République – beaucoup de « Macron, dictateur » ou « Macron, démission » sont entonnés… et je ne compte pas le nombre de pancartes, costumes, mises en scène s'en prenant au chef de l'État –, ainsi que… BFMTV, encore et toujours, comme à Nancy et dans de nombreux rassemblements antivax et anti-pass. « BFM collabo ! BFM collabo ! » entonne une partie du cortège rue de Sèvres. Un peu plus tard, au même endroit, d'autres lancent : « BFM en prison ! BFM en prison ! »

Macron et BFMTV, vainqueurs par K.-O. ! Aucune autre personnalité, aucun autre média ne sera ce jour-là la cible des slogans hostiles de cette foule exaspérée.

Combien étaient-ils, ce samedi, à sillonner les rues du très chic 7e arrondissement de Paris ? « Nous sommes 150 000 », s'époumone à la sono un militant des Patriotes, acclamé par les manifestants. J'ai effectué un décompte aussi précis que possible de mon côté en me postant précisément à l'angle de la rue de Sèvres et de la rue Rousselet. Deux cents manifestants par minute,

1 h 30 de cortège : je suis arrivé au chiffre d'environ 18 000 manifestants, soit exactement l'estimation donnée par la préfecture de police quelques heures plus tard.

Alors 18 000 ou 150 000 ? Finalement, le nombre n'importe peut-être pas tant que ça. Ce qui est largement inédit, c'est cette mobilisation qui est aussi sage dans les gestes et les actions que violente et déplacée dans les slogans et les symboles, portée par de nombreuses catégories sociales. Et, aussi, cette détestation omniprésente des journalistes, qui me stupéfie systématiquement.

Avec 114 000 manifestants recensés en France par le ministère de l'Intérieur ce samedi-là, ce sont tous les pronostics qui sont balayés. Dans les notes du renseignement territorial que j'ai pu consulter, une mobilisation nationale de 20 000 à 40 000 manifestants seulement était attendue. Une preuve éclatante, selon moi, que la puissance de la dark info qui fédère, mobilise, investit le monde réel et les rues de France est encore largement sous-estimée.

Des centaines de milliers de personnes, mal ou partiellement informées, manipulées par d'habiles faussaires sont prêtes, comme on l'a vu au cours de l'été 2021, à prendre la rue en toute ignorance de cause.

Si l'on rapporte le nombre de ces manifestants à l'ensemble de la population française, on pourrait se dire qu'ils ne pèsent finalement pas si lourd que ça. Quand bien même ils auraient été 300 000 à l'échelle nationale, comme plusieurs collectifs l'ont proclamé, cela représenterait moins de 0,5 % de la population. Un grain de sable qui fait du bruit, mais un grain de sable tout de même. Cependant, je suis absolument persuadé qu'ils incarnent un mouvement en réalité bien plus fort, et qui s'exprime d'abord à travers des pratiques en ligne.

*

* *

Afin de tenter de déterminer le vrai poids de la dark info dans nos *timelines* et sur nos smartphones, au-delà des rues, j'ai choisi d'avoir de nouveau recours aux outils numériques, et plus précisément à CrowdTangle. J'ai ainsi passé à la loupe dix sujets parmi les plus « chauds » de l'année 2020 et étudié, à l'échelle mondiale, les pages qui avaient diffusé les contenus les plus partagés sur chacune de ces actualités. J'ai analysé des événements de portée internationale – l'élection de Joe Biden et la défaite de Donald Trump, mais aussi l'explosion qui a dévasté Beyrouth, au Liban, le 4 août, la mort de George Floyd lors de son arrestation par des policiers le 25 mai, ou la sortie effective du Royaume-Uni de l'Union européenne, le 31 janvier. Concernant des actualités franco-françaises, et notamment la crise sanitaire, j'ai effectué un focus sur le confinement, les vaccins, ainsi que sur Didier Raoult. Dans l'actualité terroriste en France, j'ai étudié l'assassinat de Samuel Paty, le 16 octobre. J'ai enfin retenu la nomination de Jean Castex à Matignon le 3 juillet. Ce mélange d'actualités mondiales et locales avait pour objet de déterminer si certains pays ou certaines thématiques étaient davantage concernés par la dark info…

Pour chacune de ces dix actualités, j'ai isolé, *via* CrowdTangle, les dix publications Facebook ayant généré le plus d'interactions. Autrement dit, j'ai constitué un corpus de cent posts Facebook à très, très forte visibilité sur des activités incontournables de l'année 2020. On y trouve, évidemment, des publications de médias établis, comme Brut, France 24, signées de personnalités politiques de premier plan, comme Barack Obama. Mais aussi de nombreuses pages obscures, comme « La Vérité déconfinée », « La vraie démocratie », « ZOOM S Medias », « RT France », « TV Libertés », « Vécu » ou « Leave.EU »…

Sur les cent publications, j'en ai identifié trente-six qui pouvaient être classées comme issues de la dark info. Plus d'une publication sur trois ! Sur un réseau social où se croisent près de 37 millions de Français… Nous sommes bien loin des 0,5 % qui battent le pavé.

Ce ratio d'un tiers se vérifiera à plusieurs reprises, notamment lorsque je vais m'intéresser au poids des « partages » générés par ces cent publications. Selon mes observations, avec, très précisément, 13 486 973 partages générés, les 36 publications que j'ai classées dans la catégorie dark info pèsent 32 % des 41 840 834 partages générés par les cent publications les plus virales sur les dix actualités que j'ai identifiées comme « clés » en 2020 !

Plus de 13 millions de partages. Je n'ai plus aucun doute : la dark info n'est pas, comme certains aimeraient s'en persuader, un phénomène de surface, mais bien une tendance de fond, et la preuve irréfutable d'un décrochage massif et alarmant au sein de la population française.

4

Au commencement était le 11-Septembre…

Vous souvenez-vous du collectif Jeudi noir ? Mais si, voyons, ces jeunes galériens du logement qui, à partir de 2006, s'étaient fait remarquer par leurs actions contre la spéculation immobilière, très relayées par les médias : apéros improvisés dans des agences immobilières, incrustations dans des visites collectives d'appartements, et, plus tard, squats d'immeubles inoccupés.

Parmi ces militants, on retrouvait toute une série de futures pointures politiques de gauche : Julien Bayou, aujourd'hui secrétaire national d'Europe Écologie les Verts (EELV) ; Karima Delli, devenue députée européenne, elle aussi EELV ; Manuel Domergue, qui a continué à s'investir sur le sujet du logement en devenant patron des études de la Fondation Abbé Pierre.

Mais si ces *happenings* de l'époque sont toujours visibles sur Internet, c'est grâce à un autre membre du collectif, au destin plus surprenant. Un « journaliste-artiste-citoyen », comme il se définit alors. Chacune des vidéos de Jeudi noir se termine sur un carton qui porte sa signature : « alix@jeudinoir.fr ». Derrière cette adresse mail, on retrouve Alix Dreux-Boucard, qui, pendant près de cinq ans, comme me l'ont confirmé plusieurs anciens militants, pas franchement ravis d'évoquer leur ex-camarade, a pris une large place dans l'association. À tel point qu'il était l'un des deux représentants de Jeudi noir auditionnés au titre de « personnalités qualifiées » par le député socialiste Jean-Yves Le Bouillonnec lorsque celui-ci a planché, en 2011, sur une série de « mesures urgentes » à prendre en faveur du logement.

Seulement voilà, Alix Dreux-Boucard, au moment même où il monte et diffuse les vidéos de Jeudi noir, mène une double vie. Derrière son banc de montage, il est aussi « Atmoh ». C'est sous ce pseudo que cet activiste va publier, le 24 février 2006, sur Dailymotion, deux vidéos qui sont, selon moi, l'acte de naissance de la dark info à la française. Devenues extrêmement virales, elles ont été visionnées plus d'un million de fois sur la plateforme de *streaming* française. Dans le contexte de 2006, le chiffre est absolument remarquable.

Les vidéos en question sont la version sous-titrée en français d'un pseudo-documentaire bricolé par deux étudiants américains de vingt et un et vingt-deux ans, intitulé *Loose Change*. Mis en ligne en avril 2005 en version originale sur YouTube, *Loose Change* n'est rien d'autre qu'une mise bout à bout d'éléments présentés comme « troublants » sur les attentats du 11 septembre 2001, mais qui ne sont absolument jamais ni vérifiés ni recoupés.

L'exemple censé être le plus probant du film, ce sont des zooms sur de prétendues explosions qui se seraient produites dans les étages inférieurs des tours du World Trade Center juste avant leur effondrement, et qui montreraient, à en croire les auteurs de *Loose Change*, que les bâtiments étaient remplis d'explosifs… Or il ne s'agit que de débris projetés à l'extérieur sous l'effet des incendies !

Tout le reste est à l'avenant. Systématiquement sur le registre de questions sans réponses et de « coïncidences troublantes »... « EXCLU MONDIALE ! "LOOSE CHANGE" le meilleur film sur le 11-Septembre traduit pour vous en FRANÇAIS ! Pour que vous ne puissiez pas dire "je ne savais pas" », s'enflamme pourtant Atmoh dans la description de la vidéo qu'il poste sur Dailymotion.

Sa « biographie », autrement dit le petit texte qu'il rédige pour se présenter sur la plateforme, fait franchement sourire : « Bienvenue dans un monde meilleur ! Non, je déconne, on n'est pas dans un spot de pub, là ! Dans la réalité, certains humains peu scrupuleux n'hésitent pas à occire leur prochain pour s'enrichir. Mais le pire de tout cela c'est que, même après avoir accumulé assez d'argent pour toute leur vie, ils continuent par soif de pouvoir et dogmatisme. »

Élément notable : lorsqu'il poste ses vidéos pour la première fois, Atmoh s'attire la sympathie et le relais actif de la plupart des « grands » blogueurs influents de l'époque. L'entrepreneur Loïc Le Meur, par exemple, qui s'apprêtait à conseiller Nicolas Sarkozy pour sa stratégie numérique, s'enflammait pour le montage d'Atmoh et le relayait même sur son blog[1]. « Une bonne synthèse, abordable, de très nombreuses questions à ce jour sans réponses claires, des points factuels qui entretiennent des doutes légitimes pour quiconque a une approche sceptique », jugeait de son côté le blogueur tendance libérale « Embruns », alors très connu sur la toile, en renvoyant sur la version originale de *Loose Change*[2].

---

1. Voir : https://web.archive.org/web/20080307220759/http://www.loiclemeur.com/france/2006/03/la_responsabili.html

2. Voir : https://web.archive.org/web/20071011230815/http://embruns.net/logbook/2006/03/18.html

Pour capitaliser sur ce succès, Dreux-Boucard va structurer ce qui n'était qu'une petite entreprise amateur, réunissant des fans de traduction de séries en une véritable association loi 1901, baptisée « ReOpen911 », et dont les statuts sont déposés à la préfecture du Vaucluse le 30 juillet 2007.

L'objet officiel de l'association décrit une entreprise de contre-information, en guerre contre une supposée « version officielle » des attentats du 11-Septembre qui serait développée par les médias. On y lit ainsi que ReOpen911 veut « porter à la connaissance d'un large public les informations majeures relatives aux attentats du 11 septembre 2001 ; pallier la déficience de la presse et des médias qui, de manière générale, ne relaient ces informations que sous forme erronée et partiale, quand ils ne les omettent pas ; œuvrer pour l'établissement d'un vaste débat sur les attentats du 11 septembre 2001 dans la société et les médias, sans parti pris et en prenant en compte l'ensemble des informations aujourd'hui disponibles[1] »... C'est ce qui s'appelle jouer cartes sur table !

Atmoh, sans doute peu pressé de revenir sur cette partie de son parcours, n'a pas répondu à mes demandes d'interview, mais on le retrouve, par exemple, interrogé sur le plateau de l'émission « Arrêt sur images », le 25 avril 2008, soit deux ans après la diffusion de son film sous-titré en version française. Dans sa veste rayée trop grande pour lui, il continue de vanter un « excellent documentaire réalisé par des gamins, avec zéro moyens[2] »,

---

1. Les statuts de l'association ReOpen911 sont consultables ici : https://www.journal-officiel.gouv.fr/associations/detail-annonce/associations_b/20070035/1548

2. *La Guerre de l'information sur le 11-Septembre*, émission « Arrêt sur images » présentée par Daniel Schneidermann, accessible à l'adresse suivante : https://www.dailymotion.com/video/x5bew4

qui aurait, selon lui, été visionné plus de 100 millions de fois à travers le monde.

Il justifie (et assume totalement) la démarche de ReOpen911 : « Nous ne sommes que des citoyens, on ne peut pas faire grand-chose d'autre que poser des questions. Moi, je ne me prétends ni expert en démolition, ni expert en quoi que ce soit... Mais juste, il y a des éléments, quand on est un tout petit peu objectif, qui questionnent. » Sa posture, tout au long de l'émission, reste invariable : je ne fais que poser des questions.

Il ne se voit jamais comme un « faussaire de l'info » ou comme un propagateur de thèses complotistes, mais comme un simple chasseur de vérités...

*

* *

Depuis l'apparition de la dark info dans le monde de l'information numérique fin février 2006 sur YouTube et Dailymotion, autrement dit l'Internet de madame et monsieur Tout-le-monde, d'autres champs, d'autres lieux numériques ont été, petit à petit, investis par les pirates de l'info.

Prenons l'exemple du sujet de l'interruption volontaire de grossesse (IVG). Plusieurs sites Web spécialisés, et qui, bien sûr, n'affichent jamais ouvertement leur militantisme anti-IVG, ont ainsi historiquement utilisé – et de manière extrêmement efficace – les techniques du « SEO », ou « search engine optimization », pour se positionner en première place des résultats de recherche sur Google[1].

1. Le SEO, c'est l'art, pour un éditeur de contenus sur Internet, de savoir positionner son site sur la première page des résultats de Google d'après des requêtes ciblées. On parle d'une « optimisation » SEO, qui va passer, tout à la fois, par des critères techniques (temps de chargement et

Le cas le plus connu est celui du site ivg.net, créé en 2008, qui, en raison de son antériorité, et également parce que ses pages sont bourrées de mots clés vus par Google comme pertinents, arrive encore aujourd'hui en sixième position si vous tapez « IVG » sur le moteur de recherche.

À la « une » d'ivg.net, une simple question : « Vous êtes enceinte et vous envisagez l'IVG ? » interroge le site, qui, pour toute réponse, propose un « numéro vert d'écoute ». La première entrée sur la page d'accueil donne clairement l'impression qu'une personne bienveillante sera là, au bout du fil, afin d'aider les femmes qui souhaitent avorter à trouver les bons contacts pour se faire accompagner : « Nous vous proposons une écoute strictement gratuite et anonyme pour vous apporter un soutien dans le cadre d'un projet d'IVG, y compris auprès des mineures », promet le site.

Ça se complique un peu ensuite, puisque sont évoquées « toutes les informations utiles : médicales, psychologiques, juridiques ou sociales, et un forum avec de nombreux témoignages de femmes ayant vécu plus ou moins bien l'IVG ». « Plus ou moins bien » ; le masque commence à tomber…

Évidemment, le site et, surtout, les réseaux sociaux liés au site, notamment une page Facebook qui cumule plus de 100 000 fans, ne sont qu'un agglomérat de témoignages compliqués venant de femmes ayant choisi l'avortement… quand, au contraire, celles qui ont renoncé à une IVG disent se retrouver « super heureuses » avec leur bébé !

« poids » d'une page Web) et éditoriaux (fréquence et positionnement des mots clés dans la page, notamment).

La députée socialiste de la Vienne, Catherine Coutelle, était fin 2016 la rapporteure d'un projet de loi déposé par le PS afin de traquer sur la toile les lobbies anti-avortement, en obtenant une extension du délit d'entrave numérique à l'IVG. Face à elle, trois membres de l'association SOS Détresse : Marie Philippe, éditrice d'ivg.net, fondatrice du site et de la plateforme téléphonique d'écoute ; Claire de Beausse, docteur en droit et « responsable juridique de l'association » ; Grégor Puppinck, lui aussi docteur en droit, « juriste en droit européen ». Tous trois ont alors cherché à minimiser la portée réelle de leur action, évoquant tout au plus cinq appels entrants par jour. « Ces agissements relèvent sans aucun doute du délit d'entrave à l'IVG [qui peut se caractériser] en exerçant des pressions morales ou psychologiques, des menaces ou tout acte d'intimidation à l'encontre des personnels médicaux, des femmes venues subir une IVG ou de l'entourage de ces dernières », réagissait l'élue socialiste[1].

Malgré les rapports, malgré les projets de loi, malgré les coups de gueule d'élues de tous bords, ivg.net est toujours bel et bien actif… Tout au plus peut-on se féliciter que les sites Internet édités par le gouvernement sur le sujet (notamment service-public.fr, ivg.gouv.fr ou le site de la Sécurité sociale, ameli.fr) occupent désormais les trois premières places sur Google !

*

* *

---

1. Dans son rapport du 23 novembre 2016 devant la commission des affaires sociales de l'Assemblée nationale.

Autre champ de l'information : les faits divers liés à la délinquance en France. Autre technique de manipulation, caractéristique de la dark info : le détournement de pages Facebook.

Le grand classique du genre en France est l'incroyable mouvement qui s'est créé, en septembre 2013, pour « soutenir » Stephan Turk, bijoutier niçois, qui, alors qu'il était victime d'un cambriolage dans sa boutique, avait abattu l'un des deux voleurs[1]. En quelques jours, près de 1,6 million de personnes avaient liké la page Facebook intitulée « Soutien au bijoutier de Nice ». Les créateurs de l'initiative avaient pris grand soin de rester anonymes.

En 2021, le nombre de membres de la communauté a un peu baissé, passant à 1,2 million de fans – à la suite, sans doute, des différentes vagues de suppression de comptes non utilisés par Facebook. Première surprise : la page a totalement changé de fonction au fil des ans. Vidéos d'émeutes en banlieue, pseudo-« scandale » de lits restés vides dans des services de réanimation de cliniques privées lors de la crise du Covid-19, relais de faits divers (concernant surtout l'immigration) : les divers « posts » n'ont plus grand-chose à voir avec le sujet initial de la page.

Pis, depuis 2016, le groupe partage très régulièrement des publications d'info24.fr, un site Internet sans aucune équipe éditoriale identifiée, et qui publie des vidéos de faits divers particulièrement *gores*… Lesquelles se trouvent de fait relayées auprès de plus d'un million de « followers ».

1. Stephan Turk a été condamné à cinq ans de prison avec sursis le 31 mai 2018 par la cour d'assises des Alpes-Maritimes. Jugé pour homicide volontaire, le septuagénaire avait finalement été condamné pour violence volontaire avec arme ayant entraîné la mort sans intention de la donner. Toute notion de légitime défense avait été écartée.

Des pseudo-documentaires dopés aux *fake news*, des forums très orientés qui avancent masqués, du détournement de pages Facebook, et donc du « kidnapping » d'internautes : ces techniques sont celles des premières heures de la dark info. Aujourd'hui, de nouveaux lieux, encore mieux organisés, ont pris le relais et ont largement gagné en puissance de feu.

5

Odysee et Telegram, les plateformes adorées des complotistes

Au bout du fil, ce jeudi 1er juillet 2021, c'est un homme secret, manifestement très flippé, et qui n'a jamais parlé avec un journaliste français, qui me répond, *via* la messagerie WhatsApp.

Après de très nombreux échanges écrits, la voix hésite un peu, tourne autour du pot. Puis finit par lâcher la cause de son angoisse : mon interlocuteur veut absolument savoir si je suis en train d'enregistrer notre échange. Il m'explique avoir peur de retrouver son interview dans une vidéo postée sur les réseaux sociaux. Lorsque je lui explique que je ne fais que prendre des notes, il se détend enfin, un peu, et accepte de répondre à mes questions.

Jeremy Kauffman, dont la parole est rarissime, est, à moins de quarante ans, le créateur et le patron du très puissant site de partage de vidéos Odysee.com, lancé en septembre 2020 et qui est devenu, en quelques semaines seulement, incontournable pour tous les acteurs de la dark info. Une sorte de YouTube *underground*. Tous mes interlocuteurs, au fil de mon enquête, me parlent de l'incroyable liberté qu'ils ont l'impression de retrouver sur cette plateforme. Tous s'y informent, et absolument tous l'utilisent.

C'est là qu'à l'automne 2020 le pseudo-documentaire *Hold-up* a été diffusé par Pierre Barnérias[1]. Au-delà des quelques contenus « stars », le site est aussi utilisé par de parfaits inconnus, la nébuleuse des petites mains de la dark info. Prenez par exemple Émilie, une jeune mère de famille niçoise, qui, au début du mois d'avril 2021, s'est mise à « jouer à la journaliste », comme elle me le confie, pour créer une émission, diffusée en *live streaming*, intitulée « Bas les masques, le *live* ». Là, avec plusieurs amies ou connaissances, elle n'hésite pas à faire la promotion du retrait des enfants des écoles, au prétexte de ne pas vouloir qu'ils y portent des masques, ou de peur qu'ils soient vaccinés contre le Covid-19 – vaccination qui, évidemment, d'après leurs propos, va devenir obligatoire pour les enfants. « Après les émissions, on met tout en circulation sur Odysee.com, c'est bien plus pratique, on n'est pas censurés », me raconte-t-elle le plus simplement du monde[2].

Odysee.com repose effectivement sur un principe redoutablement simple : la plateforme s'interdit de supprimer quelque vidéo que ce soit de son offre, à l'exception des contenus pornographiques ou violents.

Contrairement à YouTube, qui a développé plusieurs outils de modération, automatiques ou manuels. Le premier est le Content ID, qui détecte les éventuels problèmes de copyright : si vous cherchez à diffuser une vidéo comprenant une musique ou un extrait vidéo d'une œuvre déjà diffusée et dûment référencée par un ayant droit, le Content ID la repère, et crée un « conflit » entre

1. Voir chapitre 1 : « *Hold-up. Retour sur un chaos* : le documentaire complotiste qui a semé le trouble ».

2. Entretien avec l'auteur le 20 avril 2021.

les deux chaînes – il s'agit, généralement, de savoir quelle page pourra récupérer la monétisation. En cas d'usurpations répétées tombe le *strike* : sept jours de bannissement de YouTube pour l'utilisateur, qui ne peut plus rien y diffuser. Au bout de trois *strikes*, la chaîne fautive est définitivement supprimée[1].

Deuxième filtre : celui d'une modération manuelle, déclenchée au bout d'un certain nombre de signalements d'une vidéo par les utilisateurs, ou par la détection automatique de la présence répétée de mots clés à l'intérieur d'un contenu. Plusieurs dizaines de milliers de personnes effectuent, pour le compte de Google, cette modération. Systématiquement prestataires, les modérateurs, véritables Sisyphes, peuvent être amenés à valider ou rejeter 1 500 à 2 000 vidéos par jour. Afin de juger du contenu sans avoir à regarder les films en intégralité, ils sont aidés par un outil qui génère une quarantaine de visuels par vidéo[2].

Rien de tout cela, donc, sur Odysee, mais, à l'inverse, un outil dont l'architecture décentralisée est conçue pour empêcher l'effacement d'une vidéo. Concrètement, lorsque Émilie, et tous les autres usagers de la plateforme, « uploadent » une vidéo, ils ne l'envoient pas sur les serveurs informatiques du site, mais la rendent accessible aux autres utilisateurs par le biais d'un réseau propre, baptisé LBRY. Ils peuvent également être rémunérés dans leur propre monnaie, une cryptomonnaie, à l'image du bitcoin, baptisée « LBC ». Ça vous semble compliqué ? Pourtant, j'ai testé, et c'est vraiment un jeu

---

1. Voir : « Community Guidelines strike basics », tutoriel diffusé par Google à l'adresse suivante : https://support.google.com/youtube/answer/2802032?hl=en

2. Lire l'ouvrage de Sarah T. Roberts, *Derrière les écrans. Les nettoyeurs du Web à l'ombre des réseaux sociaux*, La Découverte, 2020.

d'enfant... Peut-être même encore plus simple d'utilisation que YouTube !

*
* *

Jeremy Kauffman, un libertarien convaincu[1], militant acharné de la disparition de toute forme de régulation et en premier lieu de l'État lui-même, revendique sa liberté comme un argument massue pour draguer les utilisateurs potentiels : « Moi, je ne veux pas positionner Odysee comme devant être en situation de décider de la vérité ! Je pense que les utilisateurs d'Odysee veulent leur liberté. Sur Odysee, tout est *open source*, tout est décentralisé, et nous n'avons aucun lien spécifique avec un parti politique donné... En fait, nous plaisons beaucoup à tous ceux qui utilisaient YouTube de manière beaucoup plus libre il y a cinq ou dix ans. YouTube est aujourd'hui devenu tellement *corporate* ! » m'explique-t-il[2].

Kauffman me détaille aussi la place particulière qu'occupe la France dans son activité, et me livre un chiffre inédit, qui montre à quel point la diffusion de la plateforme a été rapide au sein du public français. « La France est l'un de nos plus gros marchés à l'étranger. Nous enregistrons plusieurs centaines de milliers de visiteurs tous les jours, et régulièrement jusqu'à 500 000 visiteurs ! »

---

1. Les libertariens ne reconnaissent pas à l'État de rôle de coercition, et acceptent tout au plus de lui laisser des fonctions régaliennes. Ils sont au contraire partisans d'une coopération libre et volontaire entre les individus. Ce courant politique, dérivé du libéralisme, est principalement présent aux États-Unis et dans les pays anglo-saxons, où il reste toutefois très marginal.
2. Entretien téléphonique avec l'auteur le 1er juillet 2021.

Depuis le New Hampshire, où il a installé le siège de la société, près de Boston, Jeremy Kauffman m'explique ne pas être dérangé du tout par *Hold-up*, dont la diffusion sur Odysee.com a contribué à lancer et à développer sa plateforme en France. Connaît-il le film ? D'abord, il ne répond pas... Puis, relancé, il finit par concéder : « Oui ! Je sais que c'était à propos du Covid. Et je sais aussi que, effectivement, *Hold-up* a largement contribué à notre succès en France. » Je sens un certain agacement chez Kauffman, qui ne veut surtout pas que sa plateforme soit résumée à son rôle dans la diffusion du documentaire controversé. Alors, il me l'assure : « Ce n'est pas pour un contenu que les utilisateurs restent. Ils restent avec nous car ils sont frustrés du *statu quo* général. Frustrés aussi des *news* traditionnelles qui racontent toutes la même chose ! »

Pour se développer plus encore en France, Kauffman n'a pas, pour le moment, prévu d'embaucher à Paris : « Pour l'instant, il n'y a personne qui soit dédié au marché français dans l'équipe, et aucun salarié français non plus, mais cela pourrait changer. Nous sommes aujourd'hui une équipe extrêmement internationale, avec, par exemple, un salarié qui est en télétravail depuis la Suisse, un autre en Algérie. »

*

* *

Autre lieu, autre ambiance, avec la messagerie Telegram. Je vous emmène cette fois dans les allées d'un grand supermarché du n'importe quoi, qui serait ouvert sept jours sur sept, vingt-quatre heures sur vingt-quatre. J'ai passé des heures et des heures à en explorer les allées et les contre-allées. J'y ai aussi lancé de nombreuses recherches pour exhumer de ses entrailles les produits les mieux cachés, ou pour comprendre la naissance de telle ou telle rumeur, accusation, théorie fumeuse.

Je vous propose une plongée au cœur du groupe Telegram « Silvano Trotta Official Chat », créé par Silvano Trotta en personne, le chef de file des complotistes français, patron d'une entreprise télécom la journée, et animateur-vedette le soir venu de nombreuses communautés de faussaires de l'info. Cette découverte a été pour moi, tout au long de ces nombreux mois d'enquête, une source continue de surprises.

« Silvano Trotta Official Chat » est donc une immense salle de chat, ouverte à tous, jamais modérée, où se côtoient plus de 6 000 utilisateurs qui échangent en continu. Pour vous donner une idée, une journée « normale », sans actualité particulière, voit la circulation effrénée d'environ 9 500 messages. Une moyenne de près de sept messages à la minute. Il n'y a plus de jour, plus de nuit. L'heure la plus calme se situe entre 4 et 5 heures du matin – et encore, il m'est arrivé d'y relever jusqu'à 300 messages publiés !

Telegram est un supermarché de la dark info un peu particulier. Disons qu'y pénétrer n'est pas très difficile, mais les panneaux indicateurs pour y accéder sont bien peu nombreux. On l'a vu, aucune trace sur Google des messages publiés, qui ne sont pas référencés. Les échanges écrits se déroulent dans l'univers, clos et rassurant, d'une application très sécurisée et « chiffrée » qui, comble de l'ironie, était l'apanage des macronistes pendant la campagne présidentielle 2017.

La manière la plus simple de rejoindre un groupe sur Telegram est d'y être invité par un contact déjà membre, qui peut partager facilement un lien d'invitation. Il existe également des sortes de « minirépertoires » des groupes, qui se transfèrent de conversation en conversation. Une chose est sûre : personne n'arrive là par hasard !

L'application a été créée en 2013 dans une ambiance « Bureau des légendes » par deux frères russes, Nikolaï et Pavel Dourov, opposants de Vladimir Poutine, après que le gouvernement russe eut mis la main sur leur premier « bébé », le « Facebook russe » : VKontakte. À l'époque, ils souhaitaient tout simplement développer un moyen de communiquer hors du regard du FSB, les puissants services secrets russes.

Au-delà des échanges classiques entre deux personnes de manière privée et cryptée, deux fonctionnalités qui n'existent pas sur WhatsApp, messagerie concurrente *made in Facebook*, font de Telegram, loin de ses élans démocratiques originels, une plaque tournante de la dark info. La première, les « groupes », qui permettent à un émetteur de s'adresser à plusieurs dizaines de milliers de personnes d'un coup, dans une communication unidirectionnelle, du haut vers le bas : un émetteur, des dizaines de milliers de receveurs. Impossible, pour un utilisateur lambda, de répondre ou de poster son propre sujet d'actualité. Silvano Trotta, par exemple, dispose d'un groupe où il est suivi par 100 000 personnes, auxquelles il envoie une vingtaine de messages par jour. Seconde fonctionnalité clé : les « chats », où, cette fois, tous les membres peuvent participer. C'est ainsi que Silvano Trotta a également cet « Official Chat », auquel lui-même participe en postant des messages.

Résultat ? Un groupe avec 5 000 membres, à l'instar du chat de Silvano Trotta, c'est comme un stade de foot où 5 000 personnes seraient en train de crier en même temps. Les utilisateurs sont extrêmement actifs et mobilisés, et le compteur des abonnés connectés, qui s'affiche en *live*, dépasse souvent les 2 000 membres ! Un taux d'utilisation absolument remarquable.

*
* *

Pour rendre les choses concrètes, j'ai choisi de partager avec vous un aperçu de la manière dont une journée lambda peut se dérouler dans les allées du supermarché « Silvano Trotta Official Chat »…

En ce mardi 12 octobre 2021, un curieux appel à la mobilisation, qui circule sur plusieurs boucles, structure les échanges ; Silvano Trotta a lui-même choisi de le diffuser largement auprès des membres du groupe. Un appel à « manifester », « en protestation contre la perte de nos libertés, contre la folie des gouvernants, contre Big Pharma », pour un passage à l'action « mardi 12 octobre à 16 heures, heure française ».

La forme de cette mobilisation, qui se veut planétaire, est plutôt inattendue : « Vous pouvez éteindre vos téléphones, portables, électricité, ordinateurs et les réseaux sociaux pendant vingt et une minutes. » Objectif ? « Montrer que si nous sommes unis, nous avons un pouvoir immense. »

Trotta, dans le petit texte qu'il relaie, est optimiste : « Le mouvement sera planétaire ! Faites passer le message, on compte sur vous tous ! »

Jenny, une addict du forum, qui y poste de manière très régulière, relaie le même appel, mais avec des termes un peu différents : « C'est notre protestation contre les règlements, les restrictions des lois fondamentales liées au virus. Les personnes du monde entier qui veulent mettre fin à l'obligation de porter un masque, à la distanciation sociale, à la coercition des enfants ou à la vaccination obligatoire peuvent l'utiliser pour montrer leur résistance [...]. Il n'y a pas besoin de sortir dans les rues, il suffit d'éteindre tout ce qui nous contrôle. »

En réalité, cet appel tourne depuis plusieurs jours. La première occurrence que je retrouve dans différents groupes Telegram remonte au début du mois d'octobre, et viendrait du « fan-club » d'un médecin allemand, le docteur Sucharit Bhakdi. Si ce dernier existe bel et bien et a tenu à plusieurs reprises des propos antivax, je n'ai jamais retrouvé le fan-club en question.

Participer, pas participer ? La question fait débat dans le groupe une grande partie de la journée. « Montrons-leur que nous sommes légion », s'enflamme un certain Éric D., à 12 h 16. « Moi, je vais le faire. Mais je ne pense pas que les merdias parleront de ce qu'il va se passer à 16 heures... Tous corrompus ! » cingle Chris S. à 15 h 15, alors que l'heure fatidique approche... 15 h 58, 15 h 59, les messages se poursuivent...

Que va-t-il se passer ? Vais-je observer pour la première fois un groupe totalement silencieux ? Arrivent les vingt et une minutes de « black-out » tant espérées par Trotta. Perdu ! Les posts continuent de pleuvoir, l'activité sur le groupe est à peine ralentie. Pis : quelques minutes après 16 h 21, le verdict tombe : sur les courbes de consommation d'électricité, l'effet de la mobilisation a été... nul. Silvano ne relance pas, ne commente pas.

Autre sujet du jour : une interview du médecin le plus connu et le plus médiatique de France, l'ancien chroniqueur de Franceinfo Michel Cymes. Interrogé par les équipes éditoriales de Yahoo ! France, il s'en prend directement aux antivax : « Il faut qu'ils se regardent dans la glace le matin en se disant : “Oui, je peux tuer des gens dans la journée” », énonce-t-il, face caméra. En toute logique, c'est cette petite phrase que Yahoo ! choisit de retenir en titre de l'article.

Là encore, l'un de ceux qui propulsent le sujet à la une de la manière la plus *cash*, c'est Silvano Trotta. Très remonté, il se met aussitôt en mode tribun : « Tiens, nous aussi on va te demander des comptes ! En Justice bien sûr ! On ne peut plus tolérer de tels propos », éructe Trotta, en fin d'après-midi. Son message est vu à 36 000 reprises et génère plus de 500 réponses… Certains ont, clairement, décidé de ne pas attendre la « Justice » pour faire tomber dans la sciure la tête de Michel Cymes… littéralement !

À l'instar de cet internaute qui, à 18 h 23, poste, sous le pseudo de « V », une simple image. Il s'agit… d'une guillotine. Glaçant. Et ainsi de suite. Toutes les discussions ne débouchent pas nécessairement sur des appels à la décapitation, mais les propos sont systématiquement extrêmes, assez violents et sans filtre.

*

* *

Odysee et Telegram sont, au moment de la rédaction de cet ouvrage (tout va si vite !), les rendez-vous-vedettes des adeptes de la dark info. De ceux qui souhaitent emprunter nuit et jour ces voies rapides de l'information souvent frelatée, pour, pensent-ils, tout savoir sur tout et avant tout le monde.

Ce sont ces lieux « privilégiés » où s'échangent les liens et les histoires qui seront ensuite adaptées, partagées, beaucoup plus massivement sur d'autres messageries, notamment les fameux groupes WhatsApp familiaux, dont l'usage a explosé lors des épisodes successifs de confinement.

Hier, Twitter, Facebook ou YouTube jouaient ce rôle. Demain, d'autres innovations détrôneront Odysee et Telegram. La technologie progresse sans cesse et à grande vitesse. Il serait bien illusoire de penser que la régulation des espaces les plus visibles entraînerait, comme par magie, la disparition de ces communautés et des idées complotistes qui y prospèrent. L'effet inverse est même garanti…

DEUXIÈME PARTIE

Les vrais visages de la dark info

6

Dans l'Ardèche, « papi gâteau » enfile son treillis sur YouTube… et essaie d'aller arrêter Emmanuel Macron à l'Élysée

La vie de Serge Petitdemange, c'est l'histoire étonnante d'un ancien militaire, né en novembre 1946, qui, une fois retraité de la marine nationale, s'est reconverti en VRP d'alarmes, toujours sur les routes, avant de devenir, successivement, militant acharné de la lutte contre les incivilités routières, patron de son propre parti politique, puis YouTuber autoformé et relayeur de fausses informations.

Côté convictions, Serge Petitdemange, qui a commencé sa vie politique comme militant et « délégué à la presse » au Front national du Var dans les années 1980, est du genre *cash* et brutal. Il me raconte ainsi trois mesures qui lui tiennent particulièrement à cœur et qui permettraient, à ses yeux, de redresser la France : « La première mesure, c'est le nettoyage des quartiers. L'armée encercle tous les quartiers dits de non-droit, la police et la gendarmerie entrent et contrôlent tout, de *a* à *z*. Personne ne sort, personne ne rentre. On contrôle tout : les appartements, les armes, la drogue, la prostitution, l'argent. Pour les cas de flagrant délit, c'est comparution immédiate. Et je fais fonctionner le regroupement familial à l'envers : c'est retour au bled avec la famille.

La deuxième mesure concerne les prisonniers de droit commun qui sont musulmans. Il y en a 47 000[1]. Ces gens-là, qui n'ont pas respecté le pays d'accueil, c'est retour au bled. La France, ce n'est pas une poubelle, c'est le plus beau pays du monde. La troisième mesure, c'est une idée qui vient d'un discours révolutionnaire[2] : "Tout citoyen qui a participé à l'administration de la France doit à tout moment se tenir prêt à rendre compte de sa fortune passée et présente." Notaires, huissiers et banques sont réquisitionnés dans ce cadre-là. D'où viennent les fonds qui ont permis à tel homme politique d'acheter tel ou tel bien ? Et je veux que l'on puisse saisir les biens le cas échéant[3] ! »

Au début des années 2000, Serge Petitdemange vit son premier quart d'heure de gloire médiatique. Il vient de créer une association baptisée « Zen et Courtois », « contre les assassins de la route », me dit-il. Zen et

1. Le nombre de détenus musulmans dans les prisons françaises est un classique de la manipulation de l'info. Éric Zemmour, sur CNews, le 19 mars 2019, assurait ainsi que 70 % des détenus étaient musulmans, citant un « rapport parlementaire » d'octobre 2014. 70 %, sur une population carcérale de 66 500 détenus, cela fait 46 500. La source de Serge Petitdemange est donc celle-là. Problème ? Le rapport parlementaire en question, rédigé par le député UMP Guillaume Larrivé, qui avançait une « estimation de 40 000 détenus […] de religion ou de culture musulmane », précisait bien n'avoir aucune « statistique officielle » sur le sujet, les statistiques basées sur la religion étant interdites en France ! En septembre 2021, la ministre de la Justice Nicole Belloubet dévoilait en revanche que, lors du mois de ramadan 2017, « 25,81 % de la population écrouée » s'était inscrite au « dispositif de restauration adaptée » proposé par l'administration pénitentiaire. Soit un peu plus de 17 000 détenus.

2. Il s'agit du « Discours et projet de déclaration des principes essentiels de l'ordre social et de la République française », prononcé à la Convention nationale par Philippe-Antoine Merlin de Douai, dans la séance du 23 germinal an III (12 avril 1795). Texte qui n'a jamais dépassé le stade de discours et n'a donc jamais eu la moindre valeur juridique.

3. Tous les propos de Serge Petitdemange ont été recueillis par l'auteur, au cours de plusieurs entretiens, conduits le 26 avril, le 7 juillet, le 27 juillet 2021, et *via* des échanges de mails d'avril à octobre 2021.

Courtois incite en fait à la dénonciation des automobilistes qui commettent des infractions au code de la route.

Il découvre alors de l'intérieur le monde des médias : après plusieurs reportages dans la presse et sur France 3 Franche-Comté consacrés à son association, le voici reçu sur le plateau de l'animateur-vedette Jean-Luc Delarue, où il se fait copieusement siffler. Le reportage vidéo où on le voit relever les plaques d'immatriculation des contrevenants, puis les transmettre, de son plus beau courrier, au procureur de la République, fait toujours les belles heures de YouTube.

À l'époque, il a même échangé avec l'intervieweuse Mireille Dumas, qui, me dit-il, voulait l'inviter sur son plateau, avant de finalement retoquer sa présence : « Ils avaient invité un couple dont la fille venait d'être tuée dans un accident provoqué par un type qui conduisait sous l'emprise de la drogue. J'avais prévenu Mireille Dumas que je me sentirais obligé de dire à ce couple que leur fille n'avait pas sa ceinture de sécurité. Si elle avait été attachée, elle ne serait pas morte. Voilà ce que je voulais leur dire... Mon invitation a été annulée ! »

*

* *

La création de son premier « parti politique », en 2005, sera à la fois la suite logique de cet engagement de longue date et la conséquence de son envie irrépressible d'être sous l'œil des caméras. C'est aussi, me raconte-t-il, encore tout surpris, le résultat d'un coup de fil au standard du ministère de l'Intérieur, au début de cette année-là, qui lui apprend qu'un parti politique, ce n'est rien d'autre qu'une association de loi 1901. Résultat : le voilà qui s'auto-intronise...

De Zen et Courtois à « Renaissance française », le micro-parti qu'il préside aujourd'hui, Serge Petitdemange a toujours été un adepte de la provoc' et des idées ultra-radicales. Mais il y a, dans la manière dont il défend ses idées politiques, une grande différence avec ses premiers pas dans l'arène : il n'attend plus que les journalistes s'intéressent à lui. Maintenant, c'est lui qui prend la parole, face caméra, pour des discours enflammés qu'il diffuse sur sa chaîne YouTube.

Et sa petite entreprise médiatique fonctionne sacrément bien. À tel point que, depuis 2017, Serge Petitdemange connaît une vraie gloire sur YouTube, où il a produit 320 vidéos d'actualité qui ont été diffusées en un peu moins de quatre ans sur plusieurs chaînes différentes, au gré de ses amitiés, alliances, coups de gueule. Il me dit avoir réuni ainsi une audience moyenne de près de 25 000 vues pour chaque vidéo, soit plus de 8 millions de vues au total et sur YouTube uniquement[1].

*

* *

Serge Petitdemange vit à Grospierres, en Ardèche, dans une maison qu'il a construite de ses mains : « Mes deux dernières maisons, c'est moi qui les ai bâties – sauf le toit : la charpente, je ne sais pas faire. Pour le reste, franchement, c'est logique. Y compris l'électricité. La pose des placos, les plafonds, tout ça, c'est simple. » Un côté autodidacte éclairé que je vais retrouver dans son rapport à YouTube.

1. La plupart des vidéos en question ont été effacées volontairement par Serge Petitdemange, mais celles en ligne ont généré, à la date de mes échanges avec lui, plus de 2 millions de vues. Le chiffre avancé est donc tout à fait vraisemblable.

Après deux heures passées au téléphone dans le courant du mois d'avril 2021, il a accepté de me rencontrer à la fin du mois de juillet. On est convenus qu'il viendrait me chercher à la gare de Valence. La veille de mon arrivée, il m'a envoyé un mail dans lequel il me promettait une « surprise » pour le programme de la journée. Franchement ? Pendant tout le trajet en train entre Paris et Valence, je me suis demandé dans quelle galère j'étais en train de m'embarquer…

Au moment où il me fait grimper à bord de sa Mercedes gris clair automatique modèle 2004, avec laquelle il parcourt plus de 40 000 kilomètres par an, Serge Petitdemange m'accueille d'un tonitruant : « Je vous emmène à Lyon. On va au siège d'Interpol ! » Avant de poursuivre, devant ma mine éberluée : « J'ai porté plainte contre eux. Vu la façon dont je vais annoncer la chose, je pense que je vais être reçu par un cadre. Parce que là, des types sur Internet, sur Facebook, tentent de me démolir avec de faux documents à en-tête d'Interpol. Alors, comme ils ne veulent pas réagir, j'ai porté plainte contre eux. Pour qu'Interpol réagisse contre ces personnes… »

Je ne suis pas franchement plus rassuré. Pas surpris, non plus, tant ce genre de coup correspond au personnage. Mais ça y est, c'est parti pour une longue journée sur les routes de l'Ardèche, de la Drôme et du Rhône, avec ce drôle d'objectif qui semble à cet instant accaparer son esprit : « Être reçu par un cadre d'Interpol à qui je vais expliquer le pourquoi du comment des choses… »

Pour moi, ce périple pas comme les autres est l'occasion rêvée de comprendre comment un paisible retraité, qui a fêté ses soixante-quinze ans cette année, père de quatre enfants, grand-père et arrière-grand-père, s'est un jour retrouvé à enfiler un treillis militaire pour se filmer sur YouTube. Ou comment il a monté un *happening* devant l'Élysée pour « aller chercher Emmanuel Macron[1] ».

C'était le 12 septembre 2018. Serge Petitdemange avait mis sur pied une « délégation » – il tient beaucoup au terme – équipée de trois drapeaux blancs et d'un mégaphone, avec la ferme intention d'amener le président de la République devant un officier de police judiciaire. La vidéo de la scène prête plutôt à sourire, l'équipée baroque étant restée bloquée à plus de 400 mètres de l'Élysée, et le message sur mégaphone ayant été lu au milieu du bruit des travaux.

Plus crûment, cette journée avec Serge Petitdemange est aussi pour moi l'occasion d'essayer de comprendre comment raisonne, produit, travaille – car, à ce niveau d'investissement-là, il s'agit bien d'un travail – l'un des plus prolixes producteurs d'informations fantaisistes sur le YouTube francophone, dont les vidéos cartonnent sur le fil Telegram des QAnons français[2].

*

* *

D'abord, évacuons les questions techniques et matérielles. J'ai demandé à Serge Petitdemange de me raconter précisément comment il travaillait pour produire et poster une vidéo. Pendant deux ans, de novembre 2017 à novembre 2019, il a opéré à quatre mains, avec l'aide

1. Entretien avec l'auteur.

2. Les QAnons sont les adeptes de « Q », qui serait un haut fonctionnaire américain postant des informations confidentielles faisant état d'innombrables complots, notamment sur le site Internet 4chan. Donald Trump a régulièrement rediffusé, notamment sur Twitter, des théories développées par les QAnons. Le fil Telegram « QAnon France » compte, en septembre 2021, 5 000 membres extrêmement actifs.

d'un complice, Fred Chaumont. C'était à l'époque où Serge apparaissait sur la chaîne YouTube créée par Fred, baptisée « Jasper Mader » – ni l'un, ni l'autre ne m'a expliqué l'origine de ce nom.

Serge et Fred habitent à 50 kilomètres de distance. Serge se voit volontiers comme l'incarnation du duo. À ses yeux, Fred en était surtout le producteur et monteur… Fred Chaumont, que j'ai interrogé, n'a pas souhaité revenir sur cette période : les deux sont irrémédiablement brouillés. Le cœur de la dispute tient à la monétisation des vidéos, mais bien entendu la version est radicalement différente suivant que l'on en parle avec l'un ou avec l'autre des protagonistes. Serge me dit qu'il avait demandé à Fred de reverser une part des revenus générés par les vidéos à son association politique, ce que Fred, m'assure-t-il, n'aurait jamais fait. Fred affirme de son côté que Serge aurait exigé la totalité ou presque des revenus. Quoi qu'il en soit, c'est à ce moment-là que Serge Petitdemange a émergé, lorsque la chaîne Jasper Mader a explosé, passant de quelques centaines d'abonnés sur YouTube à plus de 40 000 fidèles.

Quand il évoque ces temps héroïques, Serge Petitdemange me décrit un impayable duo, qui s'enhardissait et se motivait mutuellement. J'ai presque l'impression d'entendre parler d'un processus de radicalisation. « On a fait 170 vidéos en deux ans, 3 vidéos par semaine. Je l'appelais, je lui disais : là j'ai envie de faire une vidéo… On tournait chez lui. Il est opticien de formation, mais il est pointu en informatique… De mon côté, j'ai une certaine image de moi, et je faisais très attention à être toujours bien propre et soigné lorsque j'apparaissais devant la caméra : on n'a jamais deux fois l'occasion de faire une bonne première impression. Donc j'ai toujours voulu être propre, net ! »

Après deux ans de succès considérables côté audiences intervient la fameuse brouille. Pour continuer à exister seul, Serge Petitdemange doit tout apprendre sur le tas. On retrouve le côté totalement autodidacte de l'homme qui construit ses maisons : « Au début, j'ai été aidé par un sympathisant passé par le monde du cinéma, mais ça n'a pas duré. J'avais le choix : soit j'apprenais à le faire par moi-même, soit j'arrêtais les vidéos. On me parle de VideoPad. Je regarde, je trouve… Là, c'est de l'hébreu pour moi. Mais j'ai persévéré ! Donc je m'enregistre une première fois. Je me plante. Quand j'enregistre, je sauvegarde immédiatement, je peux revenir mille fois dessus s'il faut. Je monte, ça ne va pas. Je recommence. Je coupe. Et puis comment faire pour inclure des documents ? Je ne savais pas. Eh bien, j'ai essayé, j'ai cliqué partout. J'ai fouillé. Puis un jour, tout marche et ça donne aujourd'hui 14 000 abonnés ! »

Petit à petit, Serge Petitdemange a créé un véritable rituel de production, qu'il me décrit avec une précision quasi chirurgicale. Pour tout dire, j'ai presque l'impression qu'il me parle d'une cérémonie religieuse… « J'enregistre souvent le matin, vers 5 ou 6 heures du matin. Dans ma cuisine, il y a un îlot central. J'ai acheté un drapeau français de 1,80 mètre sur un 1,20 mètre ; il est face à l'îlot. J'ai fait dessiner les lettres RF, qui veulent souvent dire République française, mais qui veulent dire chez nous "Renaissance française". Je les ai imprimées sur un format A4, j'ai plastifié. Et je les ai collées sur le blanc du drapeau français. Quand je fais les vidéos, je baisse les volets, j'allume les lumières, et j'ai deux spots. Avec des lampes spéciales. J'ai mon ordinateur face à moi. Je me mets debout face à l'îlot central. J'ai mon trépied pour tenir le téléphone. Le téléphone est un peu décalé, je l'installe de sorte que les gens ne voient pas que je regarde un prompteur. C'est super important de regarder l'objectif ! C'est pour ça que certains sont nuls, ils ne regardent pas l'objectif… Moi je fais gaffe au clignement d'œil, je fais gaffe au reflet dans les lunettes, je fais gaffe à l'élocution. Je parle doucement, car il y a des gens qui lisent sur les lèvres. Je fais attention à tout ça. Ensuite, je fais le montage entre 8 heures et 10 heures. J'ai la vidéo brute depuis le téléphone ; je la télécharge sur mon ordinateur. Il y a deux, trois, quatre coupes à faire, parfois. Je travaille avec deux écrans, le texte d'un côté, VideoPad de l'autre. Et puis à 10 heures, elle est prête. Je la diffuse sur YouTube. Franchement, je suis assez fier du résultat ! »

Dans ses vidéos, Serge Petitdemange a développé un solide sens de la mise en scène et de la provocation. Je lui demande par exemple comment lui est venue l'idée de revêtir un treillis militaire : « C'est une véritable veste qu'un militaire m'a offerte… Et une autre fois, j'ai fait une vidéo avec un T-shirt militaire, c'était le 14 juillet 2020. Comme tout le monde, je me suis pris en photo en tournant le dos à la télévision au moment où l'autre connard [*NdA* : Emmanuel Macron] passait. C'est de la provocation. Mais ça motive… C'est incroyable, comme ça motive les gens ! »

Toujours dans le registre de la mise en scène, je voulais aussi absolument savoir à quoi correspondait le gant de velours noir qui, systématiquement, recouvre sa main gauche. Depuis que je suis entré dans la voiture, Serge Petitdemange ne l'a d'ailleurs pas retiré. La réponse fuse : « Le 26 mai 2015, je fais des travaux dans ma maison de Grospierres, avec une scie circulaire toute neuve. Elle démarre bien, impeccable. Et tout à coup, ça se met à trembler. Je ne comprends pas. Et ça m'arrache la planche ! Instinctivement, je mets la main dessus pour la retenir. Vous avez le cœur bien accroché ? Je vais vous montrer une photo. Il a fallu des heures d'opération… Voilà : j'ai un gant parce que j'ai toujours froid, j'ai une très mauvaise circulation. C'est vrai que j'en joue un peu… Une main de fer dans un gant de velours. Un signe de ralliement. Quand les gens me croisent avec mon gant, ils savent et disent : "Putain, c'est monsieur Petitdemange !" »

*

* *

La vidéo qui a tout changé, c'est celle dans laquelle Serge Petitdemange, qui adore passer du temps sur Légifrance, le site public qui diffuse tous les textes de lois, assure que la France n'a plus de Constitution depuis décembre 2016. Postée pour la première fois en décembre 2017, elle est devenue l'une des *fake news* les plus couramment relayées sur les ronds-points des Gilets jaunes.

La publication fait partie de celles qui ont été effacées de la chaîne « Jasper Mader », mais, en cherchant bien, on peut encore entendre Petitdemange développer son argumentation dans des vidéos toujours présentes sur YouTube, qui ont été clonées et diffusées par des sympathisants.

Ainsi, le 21 octobre 2017, à Baix, en Ardèche, au cours d'un « banquet gaulois », le vidéaste détaille sa trouvaille : « Le 5 décembre 2016, quelques minutes avant de démissionner de sa fonction de Premier ministre, Manuel Valls a décrété la création de l'Inspection générale de la justice, plaçant anticonstitutionnellement, autoritairement, l'autorité judiciaire, l'un des trois piliers de la démocratie, sous le contrôle du ministre de la Justice, sous le contrôle du pouvoir exécutif. Or, la Déclaration des droits de l'homme et du citoyen du 26 août 1789 référencée dans le préambule de la Constitution du 4 octobre 1958 est formelle. Article 16 : "Toute société dans laquelle la garantie des droits n'est pas assurée, ni la séparation des pouvoirs déterminée, n'a point de Constitution." La séparation des pouvoirs n'étant plus déterminée, Hollande, qui était pourtant le garant de la Constitution, a trahi la Nation, et, avec ses deux nervis [*NdA* : Jean-Jacques Urvoas, alors ministre de la Justice, et Manuel Valls, Premier ministre], a lâchement poignardé la Vᵉ République, et gravement mutilé la France. Le décret félon a pris effet le 1ᵉʳ janvier 2017. En conséquence, la France n'a plus de Constitution depuis le 1ᵉʳ janvier 2017[1]. »

Cette théorie, Petitdemange la récite à longueur de temps. C'est son *leitmotiv*. Il me l'a détaillée lors de notre premier échange téléphonique. Il me la rappelle lors de notre trajet en voiture.

Il en tire aussi des appels concrets, qu'il adresse par exemple aux militaires et aux forces de l'ordre, dans une nouvelle vidéo diffusée en novembre 2018 : « Vous, militaires, vous n'avez pas de chef suprême, pas plus que vous n'avez de Premier ministre, de ministre de la Défense, de ministre de l'Intérieur, des Finances, pas plus que vous n'avez de chef d'État-major des armées ! Le peuple de France attend que vous, forces de l'ordre, vous procédiez à l'arrestation d'Emmanuel Macron et au placement en résidence surveillée des membres du gouvernement... »

Obsédé par cette histoire, dont il n'admettra jamais avoir surestimé le bien-fondé et surtout l'impact potentiel,

1. Cette vidéo, « 2 Serge PETITDEMANGE », postée le 15 novembre 2017 sur le compte YouTube AFES – Sauvons Notre Pays, est consultable à l'adresse : https://web.archive.org/web/20210731221207/https://www.youtube.com/watch?v=YA91se4O6eg

Petitdemange a fini par se persuader que sa vidéo sur la Constitution et son appel à arrêter le président de la République lui ont fermé de manière irréversible l'accès à la presse traditionnelle : « Les médias refusent que je m'exprime sur la Constitution. Ils savent pourquoi : parce que, s'ils m'invitaient, dix minutes après, les gens seraient dans la rue. Là, on ne parle plus de 100 000 personnes, mais de 30 millions ! »

Dans son argumentation, il convoque même le créateur du capitalisme industriel, Henry Ford : « Henry Ford a dit : "Le jour où les citoyens vont comprendre le système bancaire, il y aura la révolution le lendemain matin[1] !" Eh bien c'est pareil pour moi et la Constitution ! Le jour où les citoyens vont comprendre qu'ils ont été floués, ils descendront tous dans la rue ! Mais pour ça, il faut que j'accède aux médias... »

Je renvoie les plus curieux d'entre vous à la contre-argumentation développée par le journaliste Samuel Laurent dans *Le Monde* du 3 décembre 2018. Parfaitement articulée, elle tient en deux phrases irréfutables, niveau première année de droit : non, un décret ne peut pas annuler la Constitution ; oui, la hiérarchie des normes empêche cela. CQFD[2] !

*

* *

1. La formule est en réalité une paraphrase d'un passage de l'ouvrage autobiographique *My Life and Work* d'Henry Ford, publié en 1922, et qui ne traitait pas explicitement de révolution.

2. Samuel Laurent, « "Gilets jaunes" : "Constitution disparue" et complotisme débridé sur les réseaux sociaux », in *Le Monde*, 3 décembre 2018, https://www.lemonde.fr/les-decodeurs/article/2018/12/03/gilets-jaunes-constitution-disparue-et-complotisme-debride-sur-les-reseaux-sociaux_5391962_4355770.html

Des théories tout aussi farfelues, voire plus encore, Serge Petitdemange en a des cargaisons entières. Très vite, il enchaîne : « J'ai reçu un message ce matin : il y a une nouvelle plainte qui est déposée à la Cour pénale internationale (CPI), et si celle-là aboutit, Macron ne terminera pas son mandat[1]. »

Je lui demande d'où vient ce message, s'il a conscience qu'il ne contient aucune source claire, que la « plainte » en question n'a aucun objet. Mais Serge Petitdemange balaie mes objections, ne cherche même pas à savoir sur quoi pourrait vraiment porter cette plainte et, contre toute évidence, me lance : « Je dis toujours à mes amis et à mes "antennes" : ne m'envoyez pas des *fake news*, sinon je bloque. Vous me mettez toujours la référence, je vérifie, et si jamais ça me plaît, si j'estime que ça vaut le coup, je fais une vidéo... »

Au cœur du tourbillon que fut ce voyage, une autre « théorie » chère à Serge Petitdemange m'a singulièrement frappé. C'était à la toute fin de la journée. Parvenu sur un rond-point menant au centre-ville de Valence, il m'a soudain demandé : « Vous avez entendu parler des pierres de Guidestones ? »

Devant mon ignorance, l'ancien militaire déroule une histoire abracadabrante : « Les pierres de Guidestones, aux États-Unis, en Géorgie, ça date de 1980. Ce sont sept blocs de granit gravés qui prévoient que le monde doit être occupé par environ 500 millions de personnes,

---

1. Le 11 juin 2021, le chanteur Francis Lalanne, accompagné de deux avocats, Sophia Albert-Salmeron et Ghislain Mabanga, s'est rendu à la Cour pénale internationale (CPI) de La Haye pour présenter un dossier accusant le chef de l'État de « crime contre l'humanité » – un déplacement notamment couvert par le média Sputnik (lancé en novembre 2014 par les autorités russes...). Aucune « plainte » n'a été déposée et, à ce jour, le procureur de la CPI n'a ouvert ni examen préliminaire ni enquête. Francesoir.fr est le seul média qui continue à couvrir le dossier.

et là, ça ira mieux. Ce qui fait qu'ils prévoient d'éradiquer environ 7 milliards d'êtres humains sur terre. »

Évidemment, Serge Petitdemange ne me dira jamais à qui correspond ce « ils ». « Cette idéologie, on va dire, a été reprise par les Illuminati, et on est en plein dedans. Il y a cette volonté d'une partie de la population d'éradiquer une autre partie de la population. Ils le disent, maintenant. Le milliardaire George Soros, c'est clair. Anthony Fauci, le toubib américain, le dit aussi. Il y en a d'autres. Ils le disent ouvertement[1]... »

Je ne sais plus quoi répondre. Y croit-il vraiment ? Se rend-il compte du côté invraisemblable de cette nouvelle « histoire » ? Je n'en sais rien. Il me lâche cette dernière énormité juste avant de me déposer à la gare. Quelques minutes auparavant, il me parlait de sa brouille avec son demi-frère réunionnais, juste après sa brouille avec sa sœur lors de l'enterrement de leur mère.

*

* *

Ma journée sur les routes avec lui m'a convaincu que Serge Petitdemange est tout sauf un fou décérébré. Ses récits sont parfois compliqués à suivre et tortueux, c'est évident. Ses raisonnements s'enrayent facilement. Mais il a cherché par lui-même. Il a appris seul. Lui

1. Les Georgia Guidestones (« pierres de Guidestones ») se trouvent aux États-Unis, en Géorgie, près d'Elberton. Elles présentent une série de dix inscriptions particulièrement ésotériques, traduites en huit langues et qui semblent destinées à permettre aux humains de reprendre pied après une apocalypse. Le simple fait que les pierres en question, dont l'architecture évoque celle de Stonehenge, au Royaume-Uni, aient été gravées par la société Elberton Granite Finishing Company à la demande d'un inconnu suffit à alimenter, plus de quarante ans après, les pires théories du complot.

qui m'affirme avoir abandonné son cursus scolaire classique en quatrième après avoir frappé une enseignante d'allemand, épisode qui consacrait, à ses yeux, sa carrière d'élève « qui s'emmerdait », me récite des articles entiers ingérés sur Légifrance. Autant leur interprétation est souvent farfelue, autant leur énoncé est connu par cœur. C'est simple : dans toutes ses recherches quasi obsessionnelles, je crois déceler le besoin de revanche d'un autodidacte finalement assez complexé.

Pour bien comprendre pourquoi tant de Français en arrivent à penser que tous les journalistes sont des vendus, je ne veux pas simplement envoyer balader d'un revers de la main sec et méprisant les innombrables théories du complot de Serge, je veux réellement entrer dans sa tête, décortiquer ses mécanismes et sa pensée, si déroutante et saugrenue soit-elle par moments…

Deux éléments m'ont particulièrement marqué au cours de cette journée. Le premier, c'est son côté capitaine Haddock. Lui qui déroule dans ses vidéos ses argumentations sans se départir d'un calme et d'une précision assez bluffants peut soudain s'emporter et se lancer dans une bordée d'injures. Au téléphone, lors de nos premiers échanges, ou au cours de notre périple, c'est la même histoire : au beau milieu d'une phrase « normale », Serge Petitdemange va se mettre à déverser des tombereaux d'insultes. Tout le monde y passe. À propos d'un supérieur dans la marine, croisé à plusieurs reprises : « Le petit fils de pute de deux galons avait pris du poids ! » À propos des juges : « Ces juges, ce sont des cons. Des enculés. Des salopes ! » Les policiers qui l'empêchent d'accéder à l'Élysée avec son drapeau blanc, le 12 septembre 2018 ? « Des SS. La Gestapo. La Milice. »

Il se révèle également totalement sexiste : « quatre-vingts paires de godasses ! T'as pas 160 pieds. Mais bon, y a beaucoup de femmes qui décompressent sur ça leurs problématiques sexuelles ou sentimentales... Y a pas plus salope qu'une femme... » Et homophobe, notamment lorsqu'il évoque Emmanuel Macron.

Ces saillies verbales me semblent être autant de provocations gratuites. J'ai presque l'impression de voir un enfant capricieux qui joue sans cesse à tester les limites.

La deuxième chose qui m'a frappé, c'est que, dans cet océan de certitudes, dans cette marée d'affirmations aussi hâtives que péremptoires, j'ai tout de même eu l'impression d'avoir face à moi – au moins à une occasion – un Serge Petitdemange sincèrement et réellement prêt à douter : lorsque nous avons parlé des démêlés avec la justice de Jean-Bernard Fourtillan, l'un des intervenants du documentaire complotiste *Hold-up*[1].

Mis en examen pour avoir organisé des essais cliniques sauvages sur des patients atteints de la maladie de Parkinson ou d'Alzheimer, Fourtillan s'est soustrait à toutes les obligations de son contrôle judiciaire, n'a payé que 1 000 euros sur les 10 000 prévus par sa caution, et depuis quelque temps ne répondait plus aux convocations de la juge qui enquêtait sur ses pratiques. Après avoir été interpellé le jeudi 15 avril à Chaudes-Aigues, dans le Cantal, Jean-Bernard Fourtillan a été incarcéré à la prison de la Santé, à Paris, du 18 avril au 11 juillet 2021[2].

---

1. Voir chapitre 1 : « Hold-up. Retour sur un chaos ».

2. Jean-Bernard Fourtillan a été incarcéré durant cette période d'un peu moins de trois mois parce qu'il ne respectait pas les termes de son contrôle judiciaire, selon une audience du juge des libertés et de la détention du 20 avril 2021, couverte par l'auteur. L'instruction du dossier, sur le fond, est toujours en cours. L'AFP avait également couvert cette audience, et la dépêche alors produite est notamment accessible en ligne sur le site Internet du *Monde*, à l'adresse suivante : https://www.lemonde.fr/societe/article/2021/04/17/essais-therapeutiques-sauvages-le-professeur-fourtillan-incarcere_6077157_3224.html

Ce mardi de juillet, Petitdemange m'assène d'abord sans l'ombre d'une hésitation : « J'ai entendu que Jean-Bernard Fourtillan aurait été libéré indirectement par l'armée. Bon, je sais que l'armée n'est pas intervenue directement à la prison de la Santé pour le sortir de force, hein. Mais je pense qu'il y a eu, on va dire, une diplomatie d'ordre militaire qui a fait que Fourtillan est sorti de prison… »

Là, je le coupe net. Car je connais très bien le dossier, et je sais qu'il n'y a aucune « diplomatie d'ordre militaire » qui est intervenue. J'avais assisté, le mardi 20 avril, à l'audience qui a conduit à la mise en détention de Jean-Bernard Fourtillan. Et, dès ce moment-là, il était prévu que cette détention serait assez courte ; c'était une volonté expresse de la juge d'application des peines, qui avait clairement établi à quel point il lui peinait d'incarcérer un homme de soixante-dix-sept ans : « J'ai décidé que vous deviez aller un temps en prison. [Il s'agit d']une décision difficile à prendre, [compte tenu] de votre âge. Mais vous avez dit, encore aujourd'hui, que vous ne respecteriez pas l'alternative à l'incarcération qui vous a été proposée par la justice, à savoir votre contrôle judiciaire. »

Quand je raconte tout cela à Serge Petitdemange, quand je lui explique que la juge d'application des peines souhaitait, dès le 20 avril, que Jean-Bernard Fourtillan puisse rapidement être entendu par la juge d'instruction dans le cadre de son enquête, et que, dès lors, son histoire d'armée et de « diplomatie militaire » n'a aucun fondement, aucune logique, je le sens sincèrement prêt à me croire.

À cet instant, je le vois vaciller légèrement : « Non, non, non, ce n'est pas ce que j'ai dit. Quelqu'un a écrit que ce serait sur intervention, pas de l'armée je vous dis, ils ne sont pas arrivés avec le fusil-mitrailleur en disant : “Nous allons délivrer le professeur Fourtillan !” »

Mais bientôt, car c’est apparemment plus fort que lui, il reprend son délire, passant même, pour une rare fois, au « tu », signe d’un certain trouble : « Mais quelquefois, tu sais, un coup de fil qui se passe, il y a des décisions qui sont prises… »

Je m’agace franchement : « Mais enfin, Serge, cette sortie était prévue ! » Il me répond : « Bon, bon, merci de me le dire, car je vais pouvoir contrer. Sans dire votre nom, je vais pouvoir dire : “Attention, il va falloir arrêter de dire des conneries, là”… Merci Antoine ! Parce que je vais pouvoir le dire. Je vais pouvoir arranger ça. Mais bon, quand il n’y aura plus que ça à solutionner… »

Bien entendu, dans les vidéos qui ont suivi notre rencontre, je n’ai pas entendu Serge Petitdemange répercuter ce que je lui avais expliqué. Mais je ne l’ai pas non plus entendu énoncer à l’antenne sa théorie farfelue. Pour le coup, j’ai plutôt eu l’impression de l’avoir convaincu. Je ne peux m’empêcher de penser que c’est peut-être tout simplement cela qui peut parfois manquer dans le cycle fou de l’information : des moments où l’on met sur pause, où l’on déconstruit des idées reçues, de manière précise, circonstanciée… Mais je ne me fais guère d’illusions et je sais que le vidéaste amateur continuera encore et encore à s’enflammer sur des messages WhatsApp douteux, non sourcés et aux accents complotistes.

*

* *

Et notre visite à Interpol, dans tout ça ? Eh bien, ça a été rapide. Arrivé à proximité du siège de l’organisation, dans le nord de Lyon, en plein cœur du quartier de la Cité internationale, Serge a fini par dénicher le seul interphone. Je suis resté un peu en retrait, l'ai entendu dire qu'il devait absolument remettre un dossier, être reçu par un haut gradé… jusqu'à ce que le standardiste l'envoie poliment balader. Comme si le combattant intrépide était soudain devenu un petit garçon qui s'incline bien vite face à l'autorité. Une scène presque gênante.

« Sur rendez-vous seulement ! » souffle-t-il, dépité, autour d'un déjeuner frugal. Une salade de pâtes pour moi, un sandwich pour lui. « Un déjeuner de potes, un déjeuner de copains ! » me dit Serge, qui visiblement tente de fraterniser pour m'amadouer.

En plus d'une caisse de résonance pour ses théories politiques extrémistes et des feux médiatiques qu'il adore, c'est peut-être cela que Serge Petitdemange, en rupture totale avec sa famille et ses enfants, est venu chercher sur YouTube : des copains, et une manière de renouer avec ses proches.

« Je veux laisser quelque chose pour que mes enfants, ou, plutôt, ceux qui furent mes enfants, puissent se dire : "Putain, papa, c'était pas du tout le mec qu'on nous a dépeint, mais alors pas du tout…" »

Ce serait presque touchant, si ses délires complotistes et anxiogènes ne faisaient systématiquement leur chemin sur les réseaux sociaux et dans les esprits tourmentés de milliers de personnes, parfois bien plus dangereuses et égarées que lui…

7

Depuis la porte de Clichy, Khadra court les manifs, toujours prête à s'engager… y compris pour le pire

J'ai découvert le travail de Khadra le 20 avril 2021, à l'occasion de l'audience statuant sur le placement en détention de Jean-Bernard Fourtillan – encore lui.

Khadra est un personnage hors norme, une grande gueule que l'on repère immédiatement ; elle a tout juste dépassé la cinquantaine et vit du RSA depuis cinq ans, après une vie de petits boulots, succédant à des études en informatique qui auraient pourtant pu être porteuses.

Ce jour-là, elle faisait partie de la petite centaine de manifestants rassemblée devant le nouveau tribunal de Paris, aux Batignolles, pour témoigner leur soutien à l'ancien professeur de pharmacie.

J'avais suivi, sur plusieurs groupes Telegram, l'appel à la mobilisation de ses partisans. Voici, par exemple, le message que Silvano Trotta[1] avait posté la veille de l'audience, le lundi 19 avril, un peu après 18 heures :

1. Voir chapitre 5 : « Odysee et Telegram, les plateformes adorées des complotistes ».

« Alerte demain mardi !
Comparution de Jean-Bernard Fourtillan
Cour d'appel de Paris – à 15 heures mardi 20.04.21
☞ Adresse : 10 boulevard du Palais, 75001 Paris, France
Il faudrait svp qu'il y ait le maximum de personnes devant !
Partagez et faites passer l'info svp merci !!! »

Selon les statistiques disponibles publiquement sous ce message, près de 25 000 personnes ont vu cet appel – et encore, Silvano Trotta n'est que l'un des diffuseurs : le même message a été copié-collé sur de nombreuses chaînes... Vingt-cinq mille, c'est le nombre de vues générées par un article qui est « bien » lu sur un site d'information français. C'est donc une audience importante, *a priori*, mais je me demandais si des chaînes Telegram pouvaient réellement mettre dans la rue des soutiens, qui plus est un jour de semaine. Franchement, j'imaginais tout au plus la présence d'une dizaine de personnes...

J'étais d'autant plus circonspect qu'il y avait une erreur assez évidente dans le message appelant à la manifestation : l'audience de Jean-Bernard Fourtillan n'étant pas en appel, elle ne pouvait se tenir qu'au nouveau tribunal de Paris, le tribunal judiciaire, situé dans le 17e arrondissement, dans le quartier des Batignolles. Et non à la cour d'appel, dans le 1er arrondissement, siège de l'ancien tribunal judiciaire.

Le jour de l'audience, Vincent Plumas, le vice-procureur chargé des relations avec les journalistes au tribunal de Paris, à qui je demandais s'il avait vu passer les appels à manifester, s'en amusait presque : « Oui, bien sûr. Mais... avec la mauvaise adresse, devant la cour d'appel ! Bon, franchement... Je ne vais quand même pas tweeter pour leur dire qu'ils font erreur ? »

Et pourtant, à la sortie de l'audience, j'ai découvert une grosse centaine de soutiens, qui, après être allés devant la cour d'appel, sur l'île de la Cité, puis avoir compris leur erreur et pris le métro en groupe pour rejoindre les Batignolles, s'étaient retrouvés, sur le coup de 16 heures, dans et aux abords du tribunal. Parmi ce groupe hétéroclite : quelques jeunes, des retraitées bien mises, des porteurs de masques venus tout droit de la boutique officielle de Jean-Marie Bigard, floqués d'un : « Allez tous vous faire enc**** » – vendus 12 euros... Et Khadra, qui filme. Khadra qui « streame » en direct. Khadra qui interviewe tout ce qui bouge. Khadra, aussi, qui, alors que les soutiens de Fourtillan veulent aller donner de la voix près du fourgon pénitentiaire qui ramènera, ce soir-là, leur idole à la prison de la Santé, engueule littéralement ceux qui prennent la mauvaise direction. Les premiers mots que j'ai entendus de Khadra, ce sont ceux-là : « C'est pas de ce côté-là ! Vous vous trompez, ce sera jamais là-bas. Y a que des gens à pied qui sortent de l'autre côté, quand ils ont fini les gardàv' [*NdA* : gardes à vue] ; c'est de ce côté, il va sortir des souricières... »

Sur le terrain, difficile de la manquer : elle ne cesse de donner de la voix, de sa voix rauque de fumeuse. Elle se rend extrêmement visible. Elle court partout, de la tête de cortège aux derniers rangs. Et, toujours, avec son téléphone en mode caméra vissé au bout d'une miniperche de stabilisation.

*
*   *

Après quelques recherches, j'ai découvert sa chaîne YouTube, « Le Globe 777 ». Seize mille abonnés. Des vidéos de manifestations à longueur de temps. Plusieurs par semaine, en moyenne. Un tropisme évident pour les sujets touchant au placement des enfants à l'aide sociale à l'enfance, l'engagement en faveur de la Palestine, la défense acharnée de Tariq Ramadan. Et, bien sûr, les Gilets jaunes.

La vidéo du jour, qui dure un peu moins d'une heure, génère environ 5 000 vues. Un score modeste, mais pas ridicule non plus. Je décide de creuser : depuis sa création en août 2012, sa chaîne a en effet été vue plus de 3 millions de fois, une audience importante. Je remarque aussi de très nombreux commentaires, signe de l'engouement constant d'une vraie communauté. J'avais déjà pu me rendre compte, devant le tribunal de Paris, que la YouTubeuse était connue de la majorité des manifestants, presque comme une star.

Bref, Khadra me semble être l'archétype de la militante compulsive qui s'est mise à produire de l'info de façon quasi obsessionnelle, une pratique caractéristique de l'ère de la dark info. Au terme de mon voyage dans son sillage, je n'allais pas être déçu…

*

*   *

Après un premier et long entretien, début juillet, lors duquel Khadra m'a raconté son parcours de militante et ses engagements divers, je la retrouve le samedi 17 juillet 2021 pour la suivre sur le terrain lors d'une journée de double manif antivax et anti-pass sanitaire.

Le programme est chargé : Khadra a prévu deux *lives* aujourd'hui pour suivre les deux événements. Il s'agit des rassemblements ayant fait l'objet de déclarations en préfecture, qui seront encadrés par les forces de l'ordre.

Le premier a pour point de rendez-vous le métro Plaisance, dans le sud de la capitale, et pour point d'arrivée la faculté de Jussieu. C'est – notamment – Jérôme Rodrigues, Gilet jaune charismatique, victime en janvier 2019 d'un tir de flash-ball lui ayant fait perdre un œil, qui en est à l'origine.

« J'ai pris 40 000 abonnés Facebook en quelques jours après le discours de Macron sur le pass sanitaire, le 12 juillet. J'étais resté pendant des années à 120 000 abonnés, je viens de passer à 160 000, c'est énorme ! » me raconte-t-il au départ du cortège[1].

Le second défilé, lui, part de la place du Palais-Royal, dans le 1er arrondissement, et a pour objectif le ministère de la Santé. C'est, on l'a vu, Florian Philippot, l'ancien vice-président du Front national, qui l'a organisé, lui qui a surfé dès le 13 juillet sur la vague du refus du pass sanitaire et du vaccin. Sur les réseaux sociaux, une vraie guerre politique a eu lieu en amont de ces deux rassemblements : François Ruffin, le député apparenté France insoumise, a appelé à manifester depuis le métro Plaisance, pour ne pas laisser Philippot accaparer seul le mouvement anti-pass sanitaire, anti-masque, antivax.

Philippot, qui n'est pas franchement la tasse de thé de Khadra, loin de là : « Le militantisme de terrain vire à droite en ce moment, à l'extrême droite même... Ça me désole, je suis une anti-FN historique. J'ai manifesté contre le Front à de nombreuses reprises, je me suis fait agresser à Orange par leurs militants quand la ville était tenue par le FN au milieu des années 1990, c'est dire[2] ! »

1. Entretien avec l'auteur le 17 juillet 2021.

2. Tous les propos de Khadra sont issus d'entretiens avec l'auteur, menés les 2 et 17 juillet 2021, puis le 10 septembre 2021.

Mais, aucun doute, aujourd'hui, la vidéaste ira tout de même rejoindre le cortège de Palais-Royal : « Bon, là, Philippot, il surfe sur le mouvement, il tente de lancer son filet le plus largement possible. Mais si j'ai la possibilité de l'interviewer, je ne me pose pas de questions, j'y vais ! »

Elle me raconte cela alors que nous sommes dans le métro, direction Alésia. Khadra m'avait donné rendez-vous à 10 h 30 en bas de chez elle, dans le 17ᵉ arrondissement, pour un début de manifestation à 14 h 30 : « Je préfère y aller tôt, parce que, après, c'est bloqué. Et puis ça me permet de discuter avec les gens. Parce que, après, quand je passe en *live*, c'est plus possible ! Je n'ai rien mis dans mon sac ou presque, j'ai une petite perche toute pourrie, mon pied est cassé, j'en ai ras le bol de casser des pieds de caméra. J'ai une bouteille d'eau, deux pommes, ma batterie et du bissap. Vous connaissez le bissap ? C'est de la fleur d'ibiscus, ça remonte les défenses immunitaires. Je préfère partir légère pour cette journée où je vais bouger tout le temps. De toute façon, le résultat sera le même… Je ne serai pas payée ! »

*

* *

Avant de lancer son *live*, Khadra a le temps de faire un tour du carrefour qui tient lieu de point de départ, de repérer ses premiers interviewés. Lorsqu'elle est en *live*, la journaliste amateur a une dégaine assez saisissante : elle tient la perche droit devant elle et parle à son téléphone. Comme elle n'a pas de micro, ni même d'oreillette, elle tient le téléphone assez proche de son buste. Cela donne l'impression saisissante de quelqu'un parlant seul dans la rue au milieu du rassemblement…

Mais cela ne dure jamais bien longtemps, car elle trouve souvent quelqu'un à interviewer en mode micro-trottoir.

Facilement identifiable, réellement populaire, Khadra est régulièrement interpellée par une partie des Gilets jaunes présents. « Il était bien ton *live* mercredi dernier ! » lui lance un manifestant... Un peu avant 13 heures, elle active son flux en direct depuis l'application « Mobizen Live », une appli qui lui permet de « streamer » vers YouTube[1].

Sur le terrain, la confiance immédiate que Khadra suscite auprès des personnes qu'elle interviewe me frappe particulièrement. À tous, elle se présente de la même manière : « Je suis un média indépendant, je suis sur YouTube, on est en *live.* » Et cela suffit généralement à lancer une interview *face cam.*

Khadra interroge par exemple Nejeh, le Gilet jaune qui a organisé le rassemblement du jour et assuré la déclaration du trajet auprès de la préfecture. « J'ai tout de suite vu qu'elle avait l'air réglo, me raconte-t-il juste après, même si je crois que je ne suis jamais allé sur sa chaîne YouTube. »

Francine est assistante en classe de maternelle dans une école de Seine-et-Marne, département où elle habite. Pour le défilé, elle a revêtu une combinaison blanche de *street medic*, agrémentée d'un badge de secouriste en entreprise périmé depuis quatre ans. Elle a les honneurs du *live* de Khadra dans les toutes premières minutes, et y déverse sa colère : « On va être obligés de se faire piquer. C'est bien ça le vrai objectif du pass sanitaire, non ? Nous obliger à nous faire piquer ! Sinon, on va

1. Khadra ne crée pas ses *lives via* YouTube, mais depuis une application qui diffuse le flux filmé par son téléphone vers la plateforme vidéo de Google. Cela lui permet d'être un peu moins dépendante de YouTube et d'économiser des « données », le flux étant optimisé.

tout nous interdire. Si on n'a pas le pass, on va nulle part... Y a rien du tout dans le vaccin, il n'y a pas les anticorps. Il y a des Gilets jaunes dans l'ombre qui nous envoient des infos. On a vu des articles qui nous ont dit qu'apparemment il y aurait du fœtus dedans. Est-ce que c'est vrai ou non ? Pff, j'en sais rien, mais ça circule. C'est quelqu'un que j'ai vu dans la dernière manif, une catholique, elle m'a dit qu'on lui avait remis un tract disant cela à la sortie de la messe, mais hélas j'ai pas vu le tract », raconte-t-elle dans une intervention qui dure un peu moins de vingt minutes. Sans être reprise ou relancée par Khadra. Sans que celle-ci pose la moindre question, ou lui fasse remarquer que tous les témoignages qu'elle cite sont très flous et indirects...

Très remontée, Francine critique vertement le traitement médiatique du mouvement fait par la chaîne BFMTV : « BFMerde, ils filment en venant trente minutes, voire une heure avant la manifestation, et ils disent : "Oh ben y a personne !" Alors ça va ! Ça va de manipuler les images, BFMerde, tous ces médias qui sont payés par ce gouvernement... »

Dans les commentaires de la vidéo *live* de Khadra, c'est le moment où un abonné de la chaîne, Brice Dura, lance : « Pourquoi pas de manifestation devant BFM aujourd'hui ????? »

Sitôt l'interview terminée, j'en profite pour échanger avec Francine. Je lui demande pourquoi elle fait confiance à Khadra : « Parce que je vois qu'elle est indépendante et en *live*. Mes propos ne pourront pas être manipulés. Nous, on a des chercheurs, on a des médecins qui partagent les vidéos ; et on se partage toutes les vidéos entre nous. Je vais sur YouTube, et puis quand on parle d'un article, je vais aller le voir. On s'envoie entre nous tous les articles... »

Histoire de m'expliquer qu'ils savent de quoi ils parlent, qu'ils ne sont pas les complotistes exaltés que décrivent un peu trop vite, selon elle, les fameux « merdias »...

*

*   *

Qu'est-ce qui fait courir Khadra ? Ce n'est pas l'argent, assurément. Pour essayer, tant bien que mal, de couvrir ses frais, elle qui tire sur la corde et vit dans un logement social qu'elle partage avec son chat, la journaliste amateur lance régulièrement des appels aux dons. Elle a même activé sur sa chaîne YouTube une fonction particulière, « Rejoindre », qui permet de souscrire à un abonnement payant en échange de certains avantages. Khadra propose quatre statuts différents : « Poussez la porte », à 0,99 € par mois, qui permet d'afficher des badges de fidélité ; « Sept Globe », à 2,99 € par mois, qui permet de créer des « dédicaces » ; « Solidarité leglobe777 », à 7,99 € par mois, qui donne une priorité dans les réponses aux commentaires ; et, enfin, « prioritaire modo live », à 19,99 € par mois, qui permet de faire des dédicaces dans le *live*. Mais ça ne déclenche « pas grand-chose » tous les mois, me dit-elle : « Les abonnés payants devraient avoir droit à des *lives* spéciaux, mais je n'en fais pas. Lorsque quelqu'un choisit de s'abonner, c'est vraiment juste parce qu'il veut m'aider, parce que je ne donne pas vraiment de contenu en plus... Franchement, il y en a une dizaine qui paient. Pour que la fonction "Rejoindre" fonctionne mieux, il faudrait la mettre à longueur de temps sur la vidéo. Et puis, si je voulais vraiment faire décoller les audiences, la vérité, c'est qu'il faudrait que je m'installe chez moi, que je me mette à parler des heures, que j'en fasse un rendez-vous quotidien. C'est comme ça qu'on arrive à avoir des abonnés… L'audience, elle ne va pas seulement s'accrocher à ce que vous dites. Elle va s'accrocher à votre personnage, à votre manière de parler, à ce que vous défendez. »

Tout en prenant un plaisir évident à être reconnue sur le terrain, à faire connaître son travail, Khadra me jure qu'elle ne veut pas de cette notoriété-là : « Des fois, ils vont trouver quelqu'un courageux juste parce qu'il dit des gros mots, parce qu'il a une grande gueule. Oui, c'est vrai, je pourrais devenir une personnalité. Mais il y aurait des contraintes si j'émergeais, et elles seraient beaucoup trop fortes pour moi. Ce serait vivre sous le regard des gens. Des fois, ils s'attachent… Et puis quand ils sont déçus, ça peut faire un gros cafouillage. Après, ils parlent sur vous… Moi je ne suis pas de cette lignée-là. »

Avec ses mots à elle, Khadra me dit que, ce qui la motive, c'est la « défense de l'humain » : « Je pense que tous les êtres humains sont identiques, même s'ils n'ont pas la même culture et qu'ils n'ont pas accès aux mêmes droits. Aujourd'hui, on parle de quoi ? On parle du système immunitaire de *tous* les individus sur terre. C'est une question humanitaire. »

Pour ma part, je vois en Khadra une « manifestante professionnelle », prête à sauter sur toutes les causes à défendre. Lorsque je lui suggère ce terme, elle approuve : « Oui, c'est ça ! Je manifeste depuis la classe de CP ! C'était en Seine-et-Marne avec Mme Gauthier. On est en 1975. Il n'y avait pas beaucoup d'Arabes à cette époque-là, je crois qu'il n'y avait même pas de Noirs dans ma classe. Et puis il y avait cette instit', qui nous avait dit : "Les bougnoules, vous allez faire de la pâte à modeler sur le côté !" Les autres, ils apprenaient l'alphabet, ils apprenaient à écrire, ils avaient du travail.

Nous, non, c'était pâte à modeler. Je ne trouvais pas ça normal, donc je prenais une table, je me mettais au premier rang, et je travaillais. Elle ne me voyait pas tout de suite, la prof ! Puis elle me prenait par l'oreille, et me disait : "Ah non, les bougnoules, c'est là-bas." Ça a été ma première confrontation avec l'injustice. Après le CP, j'ai suivi une scolarité plus normale, mais je faisais le pitre tout le temps... J'avais toujours une connerie à raconter, il fallait que je fasse rire la classe ! »

*

* *

Des causes, Khadra en a épousé de très nombreuses. Et pas des plus évidentes... Celle qui me raconte avoir voté pour Philippe Poutou à la présidentielle de 2017 me confie avoir été très engagée dans la défense de Tariq Ramadan ; elle trouve ses accusatrices suspectes : « Tariq Ramadan, il a eu droit à un véritable massacre médiatique, un lynchage... »

Elle trouve également « curieuse » l'affaire de Mickaël Harpon, cet agent administratif qui, le 3 octobre 2019, a assassiné quatre policiers et blessé gravement une cinquième fonctionnaire, au sein même de la préfecture de police sur l'île de la Cité – elle pense que le terroriste pourrait être passé à l'acte à cause de discriminations dues à son handicap[1], plutôt qu'à une radicalisation, contrairement à ce que les enquêtes ont démontré.

Elle me raconte aussi les mamans qu'elle accompagne, lors de rendez-vous ou de convocations au tri-

1. Une méningite contractée dans son enfance a rendu Mickaël malentendant à 70 %, et l'a contraint à suivre sa scolarité à l'Institut national des jeunes sourds de Paris.

bunal, lorsqu'elles sont confrontées au placement de leurs enfants : elle y voit une injustice flagrante. Sur sa chaîne YouTube, je retrouve également de nombreux engagements au nom de la défense de l'Islam – y compris de certaines associations controversées, à l'image de BarakaCity, dissoute en octobre 2020 par décret, en raison de sa proximité avec les milieux salafistes et intégristes. Ou bien encore un soutien affiché, pour les élections européennes de 2019, à Hadama Traoré, militant associatif à Aulnay-sous-Bois qui conduisait une liste d'extrême gauche baptisée « Démocratie représentative », voulant mobiliser et représenter la « majorité silencieuse des banlieues ». Hadama Traoré a été soutenu par le Parti des indigènes de la République, mouvement régulièrement accusé de communautarisme et d'antisémitisme.

Cette frénésie de causes épousées successivement et sans répit, c'est la partie la plus exposée de l'identité de Khadra. Celle de son militantisme à gauche toute. De son engagement religieux assumé, au point de participer à des manifestations organisées par des mouvements régulièrement accusés de communautarisme. C'est cette identité qu'elle met en avant lors de nos différentes rencontres. C'est celle qui ressort le plus sur la page d'accueil de sa chaîne sur YouTube, comme sur son compte Twitter.

*
*   *

Mais il y a également chez elle un versant beaucoup plus sombre, une partie immergée bien plus dérangeante. En creusant un peu, je découvre une première vidéo qui me met très mal à l'aise. On y voit Khadra agressant vertement une journaliste du quotidien *Libération*, la spécialiste des religions Bernadette Sauvaget. La vidéo en question est un extrait de cinquante-quatre secondes, que j'identifie immédiatement comme étant issu d'un *live* de Khadra. En ligne depuis la fin du mois de janvier 2021, elle ne comprend aucune information sur la date et le lieu du tournage, est diffusée sur une chaîne YouTube intitulée « Affaire Ramadan », et titrée : « Bernadette Sauvaget agressée par une groupie de Tariq Ramadan ».

À la première écoute, j'ai eu du mal à en croire mes oreilles. Car, voilà Khadra, elle qui a été si facilitante avec moi, qui m'a consacré du temps, qui m'a détaillé son parcours et sa vie, qui m'a embarqué avec elle dans la manifestation du 17 juillet, en train de hurler et de menacer la journaliste. Pour tout dire, le visionnage est même extrêmement pénible, tant on souffre pour notre consœur. Khadra est littéralement hors d'elle, comme possédée, et tourne autour de la reporter, qui cherche à quitter le champ du téléphone par tous les moyens.

On imagine à tout instant que la scène peut dégénérer sur de la violence physique. « Vous racontez que des mensonges, vous divisez la France, et les Français, et vous nous faites du mal. Vous êtes horrible, vous êtes un monstre, oui ! Elle m'énerve ! Fermez-la à l'avenir, fermez-la, parce que moi, je l'ai vu le dossier [de Tariq Ramadan], vous avez raconté des conneries [...]. Il était vide ! Vous êtes une menteuse ! » éructe Khadra à l'intention de la journaliste.

Bernadette Sauvaget se souvient parfaitement de cette scène. Voici le récit qu'elle m'en fait, près de deux ans plus tard : « C'était lors de la manifestation contre l'islamophobie, organisée le 10 novembre 2019. Elle sait que je couvre l'affaire Ramadan pour *Libé*, je viens de sortir un livre... Elle avait déjà fait un scandale dans une

FNAC, car le magasin vendait mon livre mais refusait de vendre le livre de Ramadan… Bref, je suis dans cette manifestation, je n'y suis pas super à l'aise, je ne souhaitais pas forcément la couvrir, et dès que j'y suis, je lui trouve un côté un peu dur, ce n'est pas une manif "bon enfant". Arrive Khadra. Je l'ai déjà aperçue sur le terrain dans les rassemblements pro-Ramadan. Je ne veux pas la croiser, je sais qu'elle est en *live*, qu'elle me hait… Elle m'a déjà traitée de pornographe… Mais elle me reconnaît. Je la vois qui me filme… Je lui dis : "Vas-y, filme-moi… Tu m'as filmée, maintenant, tu arrêtes !" Mais avec une autre femme, qui l'accompagnait et que je ne connaissais pas, elles commencent à m'accuser d'avoir cassé sa caméra. Et là, elle revient vers moi, elle est en transe et m'insulte. Personne ne réagit. Personne ne lui dit de se taire. Je me dis à un moment qu'elle va me frapper. J'ai peur que d'autres personnes s'agrègent. J'ai vraiment très, très peur. J'étais sous le choc, vraiment. Je me suis écroulée en larmes. Une consœur m'a aidée[1]… »

Lorsque j'aborde le sujet de cette scène ultra-violente avec elle, Khadra ne se démonte pas une seconde. « Oui, c'est vrai, je me suis emportée, je l'ai invectivée. J'aurais préféré ne pas le faire, aller vers elle en discutant normalement. Mais c'est comme si c'était sorti d'un coup. Bon, voilà. J'étais normale, j'étais en *live*, j'étais tranquille dans le cortège. Et tout à coup je tombe sur elle ! »

Exactement comme Bernadette Sauvaget me l'avait raconté, Khadra accuse la journaliste d'avoir jeté son téléphone par terre – ce que cette dernière récuse catégoriquement.

Deux ans après la scène, Khadra n'exprime pas le moindre regret. Au contraire, elle me déroule plutôt

1. Entretien avec l'auteur le 9 septembre 2021.

toutes les bonnes raisons qu'elle avait, selon elle, d'agir de la sorte : « Bon, peut-être qu'elle s'est sentie un peu... euh... un peu agressée. Alors que c'était pas une vraie agression, c'était une dénonciation violente. Mais après, j'ai envie de dire... il y a des gens qui passent leur temps à mentir et qui pensent malgré cela que tout va bien. Ben non, je suis désolée, la vie, c'est pas toujours en mode Bisounours ! »

Lorsque je lui demande pourquoi elle a ensuite retiré la vidéo de sa chaîne YouTube, Khadra me donne une première explication : « Parce que j'ai pas voulu faire le buzz avec ça, voilà. »

Puis notre conversation devient quasi surréaliste : Khadra m'explique qu'elle pourrait tout à fait engager des poursuites contre les « anti-Ramadan », qu'elle accuse d'avoir procédé à la remise en ligne de la vidéo ! « Ils prennent un malin plaisir à la faire tourner. Moi, j'aurais pu les poursuivre en diffamation, pour harcèlement, parce que, tellement de fois, ils m'ont envoyé des messages insultants, des trucs menaçants. »

*

* *

Bien vite, je découvre une affaire encore plus perturbante. Dans l'onglet « Communauté » de sa chaîne YouTube, sorte de fil d'actualité où l'éditeur peut relayer des vidéos qu'il a diffusées ou qu'il souhaite relayer depuis d'autres chaînes, je me rends compte que Khadra a partagé avec ses abonnés – et à quatre reprises – des vidéos ciblant l'enseignant Samuel Paty. Il s'agit des vidéos enregistrées par Brahim Chnina, le père d'une élève de quatrième du collège du Bois d'Aulne à Conflans-Sainte-Honorine, dans les Yvelines.

Entre le mercredi 7 octobre dans la soirée et le vendredi 9 octobre 2020, Brahim Chnina a enregistré au moins trois vidéos dans lesquelles il raconte une version totalement fantaisiste d'un incident s'étant prétendument déroulé à l'école le lundi 5 octobre.

Dans cette vidéo, celle que Khadra a relayée sur sa chaîne, voici exactement comment Brahim Chnina raconte « sa » version des faits : « J'ai décidé de faire cette vidéo pour vous dire en face que ma fille, elle a été choquée suite au comportement de son prof. Je n'aime plus employer ce mot "prof" ; c'est un voyou, un voyou, qui est censé leur apprendre l'histoire, la géographie. Alors, cette semaine, il s'est permis de leur dire : "Les élèves musulmans lèvent la main" ; ils ont levé la main ; et il leur a dit : "Voilà, vous sortez." Ma fille a refusé de sortir. Il leur a dit qu'il allait diffuser une photo qui va les choquer ; certains élèves sont sortis ; ma fille n'est pas sortie. Effectivement, il a montré un homme tout nu, en leur disant que c'était le Prophète. Il a dit que c'était le prophète des musulmans. Quel est le message qu'il a voulu passer à ces enfants ? Quelle est la haine ? Pourquoi cette haine ? Pourquoi un prof d'histoire se comporte comme ça devant des élèves de treize ans ? Alors, tous ceux qui ne sont pas d'accord avec ce comportement, ou tous ceux qui ont rencontré des difficultés… Si vous voulez qu'on soit ensemble et qu'on dise : "STOP, touchez pas à nos enfants", envoyez-moi un message au 06 60 53 02 62. Ce voyou ne doit plus rester dans l'Éducation nationale, il doit aller s'éduquer lui-même. Je parle au nom de ma fille, mais de vos enfants aussi, on leur fait les mêmes choses. »

On sait depuis que rien dans cette histoire à l'issue dramatique ne tient la route : la fille de Brahim Chnina n'avait pas assisté au cours, Samuel Paty n'avait pas fait

« lever la main » pour demander à ses élèves lesquels étaient musulmans. Après avoir prévenu qu'il allait montrer durant quelques secondes des caricatures du prophète Mahomet, l'enseignant avait simplement proposé à ses élèves de religion musulmane soit de détourner le regard, soit de sortir de la salle pendant ce court laps de temps. Une chose, en revanche, est établie : le terroriste de dix-huit ans qui allait décapiter Samuel Paty le vendredi 17 octobre à la sortie du collège a vu les vidéos de Brahim Chnina, et a échangé sur WhatsApp à plusieurs reprises avec lui. Cette vidéo, c'est donc celle qui a en quelque sorte « inspiré » le terroriste.

Sur la chaîne YouTube de Khadra, les « lancements », autrement dit les petits textes qu'elle a rédigés pour inciter à la lecture de la vidéo, sont restés en ligne. Il y en a donc quatre, et ils sont particulièrement explicites : « Le scandale à Conflans-Sainte-Honorine, témoignage de Brahim, papa d'une élève en 4e » ; « Vidéo corrigée. Un max de partages pour les enfants » ; « Voici la dernière version sans le numéro de tél » ; « Un professeur d'histoire-géographie fait de la propagande ». Voilà très exactement ce qu'a partagé Khadra avec ses abonnés.

Lorsque je la confronte à cet acharnement, je ne déclenche toujours pas plus d'émotion que cela. Si ce n'est de l'agacement, lorsque j'insiste et lui demande de m'expliquer comment elle a pu relayer ces vidéos. J'ai l'impression d'une personne qui n'a aucun regret. Au contraire : « Effectivement, j'ai diffusé la vidéo sur ma chaîne. J'ai vu la vidéo tourner sur WhatsApp. Il n'y avait pas d'appel à la haine. Enfin, pour moi, ça ne me paraissait pas être un appel à la haine. Et je vais vous dire comment ça s'est orchestré dans ma tête. J'avais l'impression que ce que le papa demandait, c'était un soutien, de l'aide, peut-être discuter avec l'Académie pour voir si dans les programmes… Et puis quand le papa parle, il dit : “La photo d’un homme nu.” […] Dans ma tête, je me suis dit : “Non, mais c’est dégueulasse.” Pourquoi la photo d’un homme ne serait pas choquante pour des non-musulmans, et choquante pour des musulmans ? Ce qui m’avait choquée dans ce qu’il disait, c’était que, ben effectivement, le prof, il demandait… paix à son âme… j’ai pas envie de dire des trucs… mon principe, c’est de ne jamais dire du mal des morts… mais le fait de dire qu’il y a une partie [des élèves] qui sort, une partie qui ne sort pas… bon… voilà… »

Lors de cette conversation de plus en plus tendue, Khadra abat une carte qu’elle considère comme majeure : elle me le jure, avant de diffuser la vidéo de Brahim Chnina, elle a recoupé ses infos ! « Quand j’ai reçu cette vidéo, je me suis renseignée avant. J’ai appelé à l’école. Je leur dis : “Voilà, je suis le Globe 777, j’aimerais me renseigner, pour savoir si cette histoire, à propos de ce professeur d’histoire, est vraie ou pas…” »

Voilà la manière déroutante dont Khadra me relate le coup de fil et me présente la déduction qu’elle en a tirée : « La standardiste, elle me dit : “Ben je peux vous passer personne, parce qu’ils sont en réunion avec l’Académie, y a tous les médias qui sont là.” Voilà. Je lui dis : “Ben si y a l’Académie, ça veut dire que, enfin… ils sont en train de pourparler. Ils sont en train de prendre cette affaire au sérieux.” Elle m’a dit : “Ben, je sais pas, ils sont dans le bureau.” Mais en tout cas, il y avait du monde ! Il y avait du monde qui était alerté, qui était au courant… »

Dans cet échange, plutôt surréaliste, l’existence d’une réunion semble être pour Khadra une preuve irréfutable qu’il se passait bien quelque chose de grave au collège, et donc que la vidéo de Brahim Chnina reposait sur la réalité.

Et quand je lui demande si elle se sent, d'une manière ou d'une autre, en partie responsable du drame qui suivra, Khadra reste ferme : « Je ne me suis pas sentie responsable, parce que je ne pense pas que la personne en question, elle soit passée par ma chaîne. Cette vidéo, elle a tourné partout. Et le papa, comme il a fait des appels partout, sa vidéo a tourné dans des groupes WhatsApp. Je suis pas la seule à être concernée par ça. Après, qu'on me mette ça sur le dos, c'est un peu gros, je trouve. J'ai rien fait, c'est pas mon style. Je ne suis pas inquiétée, je ne suis pas poursuivie, parce qu'il n'y a pas matière. J'ai supprimé la vidéo par respect pour la famille, par respect pour le mort. C'était pas le but de la publication de cette vidéo. C'était pas pour attiser la haine ni quoi que ce soit. C'était, voilà, ce père de famille est démuni, je vais l'aider… »

Lorsque Khadra a basculé en privé la vidéo de Brahim Chnina sur sa chaîne YouTube, le soir de l'assassinat de Samuel Paty, le compteur affichait plus de 10 000 vues[1].

*

* *

Est-ce que Khadra s'arrêtera un jour de manifester tous azimuts ? La réponse jaillit. Évidente : elle n'en a aucunement l'intention. Au contraire. Et ce ne sont pas les difficultés croissantes pour poster ses contenus sur les plateformes des GAFA qui vont l'arrêter. Au cœur de l'été, Khadra a ainsi trouvé un nouveau terrain

---

1. Selon les informations recueillies par l'auteur auprès de l'intéressée, et recoupées *via* l'outil archive.org.

de jeu. Pour faire vivre les rassemblements antivax et anti-pass, elle a décidé de migrer sur un nouveau réseau social : TikTok.

« C'est parce qu'ils m'ont chassée de YouTube, donc je suis allée sur TikTok, c'est tout ! C'est un peu court, les vidéos TikTok, avec une minute, mais on peut faire des *lives*. Bon, le seul problème, c'est qu'on ne peut pas les revoir, c'est ça qui est un peu embêtant. Donc il faut les télécharger, les reposter sur Odysee, des choses comme ça... Et puis sur ce type de *lives* sur TikTok, il y a des tas de *bots*[1] qui passent leur temps à dire : "Vaccinez-vous", "Vive le vaccin." En fait, il y a une grosse propagande sur TikTok ; donc à chaque fois qu'il y a des manifs anti-pass, les armées de *bots* viennent. En même temps, ils [*NdA* : les pro-vaccins] ne sont pas nombreux, ils ont fait une manifestation à Lyon, ils étaient cent. À Lyon !... »

Encore des « ils » non identifiés. Encore des « combats » à mener. Encore de la « propagande » à faire tomber.

Plus je l'écoute, plus je suis persuadé que Khadra ne s'arrêtera jamais de s'indigner, de s'emporter, de s'engager pour toutes les causes possibles, y compris les plus inquiétantes, et qu'elle continuera de les relayer, sans guère de prudence ni de modération, *via* son nouvel exutoire que sont les réseaux sociaux.

---

1. Un *bot*, c'est un « robot » : un programme informatique qui poste des messages de manière automatique.

8

Dans les secrets de la naissance du groupe Facebook « Didier Raoult Vs Coronavirus 💪 »

Ce vendredi 20 mars 2020, en début de soirée, les Français s'apprêtent à vivre une curieuse « première » : passer un week-end confinés chez eux. Depuis quatre jours, la France vit en pointillé : plus de déplacements autorisés sans attestation, crèches et écoles fermées, télétravail largement généralisé. Le lundi 16 mars, dans une allocution ô combien solennelle prononcée depuis l'Élysée, le président de la République, Emmanuel Macron, l'a martelé à cinq reprises : « Nous sommes en guerre ! »

Ce même vendredi, peu après 19 heures, Jérôme Salomon, médecin infectiologue et patron de la très puissante Direction générale de la santé au sein du ministère de la Santé, tient son vingt-cinquième « point de situation Covid-19 » depuis le début du mois de janvier. Veste sombre, cravate bleu nuit, toujours un peu raide derrière son pupitre installé au ministère, il égrène les informations du jour, en direct sur toutes les chaînes info. Vu de 2022, les chiffres surprendraient presque : « À l'international, nous avons ce soir plus de 255 000 cas de Covid-19, dont, quand même, 87 000 guéris. C'est désormais l'Europe qui est l'épicentre de la pandémie, avec près de 115 000 cas et près de 5 000 décès. Les pays les plus touchés désormais sont l'Italie, 4 032 décès, puis la Chine, avec 3 253 décès. En France, nous sommes devant une épidémie qui s'étend progressivement sur le territoire et qui s'aggrave rapidement, avec une circulation virale intense dans de nombreux territoires. Aujourd'hui, nous avons 12 612 cas confirmés et 5 226 personnes hospitalisées ; 35 % de ces cas ont plus de soixante-cinq ans, 1 297 personnes dans un état grave sont actuellement hospitalisées en réanimation... »

Quelques heures plus tôt, Didier Raoult et ses équipes de l'IHU de Marseille ont publié, sur le site de la revue *International Journal of Antimicrobial Agents*, un document de 15 000 signes (un peu moins que le chapitre que vous êtes en train de lire), une étude « pré-print[1] » titrée : « Hydroxychloroquine et azithromycine en traitement du COVID-19 : résultats d'un essai clinique ouvert non randomisé[2] », rendant compte d'un essai clinique conduit durant quatorze jours au sein de l'IHU et commencé le 5 mars 2020.

Un travail de terrain qui s'achève le 18 avril, et une première publication le 20 ? Nous sommes, clairement, face à un *timing* record ! Coïncidence qui n'en est pas une et explique beaucoup de choses : Raoult et son équipe connaissent très bien la revue en question. Son rédacteur en chef est précisément un chercheur de

1. Une étude « pré-print » est la première version d'une étude scientifique en attente de validation par le comité de lecture d'une revue, ou par un « reviewer » tiers identifié comme spécialiste d'un sujet.

2. Philippe Gautret, Jean-Christophe Lagier, Philippe Parola, Van Thuan Hoang, Line Meddeb, Morgane Mailhe, Barbara Doudier, Johan Courjon, Valérie Giordanengo, Vera Esteves Vieira, Hervé Tissot Dupont, Stéphane Honoré, Philippe Colson, Éric Chabrière, Bernard La Scola, Jean-Marc Rolain, Philippe Brouqui, Didier Raoult, « Hydroxychloroquine and azithromycin as a treatment of COVID-19 : results of an open-label non-randomized clinical trial », in *International Journal of Antimicrobial Agents*, mars 2020, https://www.medrxiv.org/content/10.1101/2020.03.16.20037135v1.full.pdf

l'IHU de Marseille… Mieux, il est l'un des cosignataires de l'étude.

La rapidité de cette publication est motivée selon ses coauteurs par l'« éthique[, et] parce que ces premiers résultats sont si importants et évidents ». Ils formulent une recommandation extrêmement claire : « Que les patients étant testés positifs au COVID-19 soient traités avec de l'hydroxychloroquine et de l'azithromycine pour soigner leur infection et pour limiter la transmission du virus et ralentir la diffusion du COVID-19 dans le monde. »

Trois jours avant la publication, hors tout jargon scientifique (et toute prudence, comme on le constatera plus tard), Raoult s'était déjà offert le luxe d'annoncer au correspondant à Marseille du journal *Les Échos* qu'il était capable de « guérir » le Covid avec un traitement à base de Plaquenil, l'un des noms commerciaux de la chloroquine. « Il y a une urgence sanitaire et on sait guérir la maladie avec un médicament que l'on connaît parfaitement. Il faut savoir où on place les priorités », claironnait déjà le professeur marseillais[1]. Mieux : Raoult avait déjà diffusé les premiers résultats de son test clinique dès le lundi 16 mars sur YouTube. Encore plus fort : il avait déjà développé sa thèse avant même la tenue de l'essai clinique dans une vidéo titrée « Coronavirus : fin de partie ! » mise en ligne sur YouTube le 25 février. Vidéo qui sera retitrée début mars d'un plus prudent : « Coronavirus : vers une sortie de crise ? »

Raoult, on le découvre alors, est de longue date un as de la com. Il a créé au fil des années un écosystème puissant à base d'interventions sur YouTube, suivies de diffusion d'« exclus » à des journaux traditionnels grand public,

---

1. Paul Molga, *Exclusif – Coronavirus : « On sait guérir la maladie », affirme l'infectiologue Didier Raoult*, in *Les Échos*, 17 mars 2020.

puis d'exploitation de versions « pré-print » d'études qui viennent tout juste d'être conduites. Mais, jusqu'au 20 mars, tout cela restait encore (relativement) confidentiel...

*

* *

C'est lors de ce fameux premier week-end confiné qu'aura lieu la bascule, qu'une partie des Français commenceront à goûter aux joies de la Raoult-mania. Deux ingrédients explosifs vont contribuer à faire sauter les lignes, à propulser le professeur dans toutes les conversations et sur tous les écrans confinés, des télés aux *newsfeed* Facebook sur les smartphones.

Le premier, c'est un élément simple, classique et à l'efficacité dévastatrice qui marquera les 21 et 22 mars 2020 : un matraquage médiatique sans précédent !

Dès le 31 mars 2020, nous avions ainsi pu mesurer, avec le chercheur de l'INA Nicolas Hervé, l'accélération subite sur les antennes des chaînes d'information continue des relais des travaux de Didier Raoult[1]. Ce week-end-là, BFM, LCI, Franceinfo et CNews allaient prononcer son nom jusqu'à 250 fois par jour (chacune !)... et mentionner l'« hydroxychloroquine » dans des proportions équivalentes. À l'époque, le traitement médiatique se fait d'abord et avant tout en mode hypothétique : et si un chercheur français avait trouvé *le* remède ?

À force d'investigations numériques et de rencontres, je vais également découvrir qu'un autre accélérateur a contribué à propager l'incendie Raoult sur les *timelines*

1. Antoine Bayet et Nicolas Hervé, « Comment Didier Raoult et la chloroquine ont surgi dans le traitement médiatique du coronavirus », in *La Revue des médias* de l'INA, 31 mars 2020, https://larevuedesmedias.ina.fr/etude-coronavirus-covid19-traitement-mediatique-raoult-chloroquine

des réseaux sociaux, notamment sur Facebook. Un élément qui était resté inconnu jusqu'à aujourd'hui, et qui montre à quel point l'apparition du professeur dans le débat public a été instrumentalisée et encouragée. En effet, trois fidèles de Raoult ont sciemment cherché à mettre le feu dans l'esprit des Français, en créant, puis en aidant à faire décoller un groupe Facebook à la puissance redoutable, le fameux « Didier Raoult Vs Coronavirus 💪 ».

Au moment même où les médias traditionnels diffusent les thèses du « druide » marseillais dans l'espace médiatique classique, ce groupe Facebook va permettre de propager ses idées directement sur les écrans des portables et dans les conversations de millions de Français. Jusqu'à aujourd'hui, l'IHU n'avait jamais admis être impliqué d'une quelconque manière dans la vie de cette communauté numérique. Mon enquête me permet de penser que c'était pourtant bien le cas.

*

* *

Revenons au vendredi 20 mars 2020, en début de soirée. Au moment même où Jérôme Salomon tient son point de situation quotidien, deux anciens élus de droite, qui ont administré la ville nouvelle de Bussy-Saint-Georges (30 000 habitants), multiplient les échanges. Hugues Rondeau, l'ancien maire de la commune de 1998 à 2014, très engagé dans la famille de la droite catholique, et Serge Bénichou, son ancien conseiller municipal délégué aux affaires économiques, ont totalement quitté la vie politique locale, mais sont restés très proches[1].

1. Le 14 mai 2019, Hugues Rondeau a été condamné en appel à une peine d'interdiction de toute fonction publique pour avoir utilisé, en 2010,

Ce sont eux qui, ce jour-là, vont appuyer sur le bouton « mise à feu » permettant de lancer le groupe « Didier Raoult Vs Coronavirus 💪 ».

Hugues Rondeau lui-même me dévoile les coulisses de l'opération. C'est la première fois qu'il raconte en détail cette mise sur orbite, et je sens chez lui une forme de soulagement : « Ce jour-là, nous avons lancé le groupe à deux. C'est Serge qui a écrit le nom du groupe, et qui a trouvé l'idée d'ajouter l'émoticône… Il est plus fort que moi sur tout ça. À 20 heures, donc, nous sommes deux. Puis quelques centaines lorsque je pars me coucher. Et le lendemain matin, surprise incroyable quand j'ouvre mon iPhone… nous avions gagné près de 25 000 membres dans la nuit ! Et après, ça n'a pas arrêté[1]. »

Les premiers chiffres disponibles *via* la plateforme de mesure CrowdTangle montrent effectivement que, huit jours plus tard, le groupe compte 350 628 membres ! C'est un démarrage fulgurant[2]. « Il faut croire que cela répondait à un besoin », me dit sobrement Hugues Rondeau.

Entre les deux anciens élus de Bussy-Saint-Georges et l'IHU de Marseille, *a priori*, il n'y a aucun lien. *A priori* seulement… Au cours de mon échange avec le créateur du groupe, il me dévoile une information tout à fait inattendue. Presque naïvement, Hugues Rondeau m'avoue sa proximité avec les équipes de l'IHU, et me confirme avoir été en contact avec elles avant le lancement du groupe, puis lors des semaines de décollage : « Je connais

---

les fonds de la ville afin de payer des frais d'avocat engagés à titre privé. Un pourvoi en cassation est toujours en cours et Hugues Rondeau est à ce jour présumé innocent.

1. Entretien avec l'auteur le 28 juin 2021.

2. Ce chiffre de 350 000 membres gagnés en huit jours peut être comparé avec les près de dix-huit mois qui auront été nécessaires au média Brut pour atteindre le même nombre de « fans » sur Facebook.

de longue date Didier Raoult et Éric Chabrière, son bras droit. Nous nous sommes rencontrés pour un projet de financement d'une *start-up* médicale. Dès que l'épidémie s'est déclenchée, et avant le lancement du groupe Facebook, je me suis rapproché de l'IHU pour avoir leur analyse. J'ai commencé à poster des choses chez moi, sur ma page, cela faisait à peine 200 partages. Je me suis dit qu'il fallait aller plus loin. D'où le groupe... Et je suis resté en prise directe avec l'IHU. Mon principal contact chez eux, c'était Chabrière. Didier, tout ça, ce n'est pas son genre. Il n'est jamais intervenu directement, mais bien sûr il était au courant[1]... »

Visiblement en veine de confidences, Hugues Rondeau me détaille très concrètement le type d'interactions qu'il entretient alors avec les équipes de l'Institut. Il raconte aussi avoir été en lien avec Yannis Roussel. « Chargé de mission » auprès de Didier Raoult, Yannis Roussel est en fait l'interface du scientifique marseillais avec les médias. Une sorte de directeur de la communication qui ne dit pas son nom.

« Yannis était l'une de mes principales sources d'information. Je lui demandais régulièrement ce que l'IHU pensait de tel ou tel sujet. "Est-ce que vous avez l'impression que... ?", "Est-ce que l'on peut laisser passer tel ou tel élément, commentaire ?" On leur a même remonté des erreurs dans des communiqués de presse qu'ils avaient diffusés ! »

Voilà donc le pot aux roses. Entre Hugues Rondeau, créateur du groupe, et le chargé de com de Didier Raoult, le lien est direct.

Enfin, dernier maillon de la chaîne, dernier proche de Didier Raoult qui compte parmi les interlocuteurs clés

1. Entretien avec l'auteur.

du créateur du groupe Facebook : Claude Escarguel. Retraité, le biologiste est un peu moins lié à l'IHU à cette époque, mais il n'en a pas moins commencé à écrire des articles scientifiques avec le professeur dès 1985. « C'est un proche de Didier Raoult, ils se connaissent depuis qu'ils sont tout petits », me confirme d'ailleurs Éric Chabrière[1].

En 2013, Escarguel a créé la *start-up* Gene Green Tech avec le professeur Chabrière, à partir des travaux qu'ils conduisaient ensemble à l'IHU. « Tous les soirs, je faisais un point sur la situation avec Claude Escarguel », me raconte encore Hugues Rondeau, sans doute pour bien me faire comprendre le niveau de proximité qu'il a pu entretenir avec le premier cercle de Didier Raoult ?

*

* *

« J'ai reçu un coup de téléphone de M. Rondeau, que je connaissais, car il a failli être apporteur d'affaires pour une *start-up* que j'ai créée, me détaille, depuis Marseille – et sans se faire prier –, le professeur Éric Chabrière. Au début de la crise sanitaire, il m'avait envoyé plusieurs messages de soutien, et je lui ai expliqué ce qu'il se passait, comment je ressentais les choses. Et ensuite, il y avait une personne du groupe Facebook qui m'a contacté pour faire une sorte de petit reportage. »

C'est le fameux reportage diffusé le samedi 28 mars 2020 dans la soirée qui m'avait tant marqué, posté sur le groupe Facebook par ArtBen, et qui parvenait à singer tous les codes journalistiques.

1. Entretien avec l'auteur le 11 septembre 2021.

Comme s'il feignait de ne pas voir le problème, Chabrière poursuit tranquillement : « Les gens qui sont plutôt bienveillants avec nous, ils posent des questions et on leur répond. Nous aussi, on les accueille plutôt avec bienveillance... Quels que soient leur parti ou leur opinion politique. Quelque part, c'est notre travail de communication et d'information. Ça fait partie de notre mission. »

On pourra s'étonner de cette façon de privilégier les questions des personnes qui « pensent du bien de nous »...

Éric Chabrière me confie alors l'impact qu'a pu avoir le groupe sur la vie de l'IHU... et sur la très controversée visite d'Emmanuel Macron à Marseille, le 9 avril 2020[1] : « C'est aussi grâce à la mobilisation en faveur de Didier sur ces groupes sociaux que Macron est venu. La parole de Didier a été super médiatisée, grâce aux réseaux. Et ça a tout changé ! »

*

* *

Tous les protagonistes en conviennent aujourd'hui avec une surprenante facilité : c'est ainsi qu'est né le plus grand lieu de diffusion de contenus pro-Didier Raoult sur Facebook. Évidemment, cela met sacrément à mal

---

1. Au plus fort du confinement, et alors que la visibilité de Didier Raoult est à son maximum, Emmanuel Macron fait une visite qui n'a pas été annoncée à son agenda, et sans aucun journaliste. « Compte tenu de l'effet Raoult, il est logique qu'à un moment le président aille le voir. Il ne peut pas s'abstraire d'un tel débat national », confiait alors un « proche » d'Emmanuel Macron au journal *Le Monde*. « Didier Raoult est un chercheur de dimension mondiale, sa science est indiscutable, sa méthode infaillible. La visite du président doit faire taire les indécis, [elle] est une marque de reconnaissance de l'État pour ce grand médecin », s'enflammait de son côté Renaud Muselier, président LR de la région PACA.

le mythe d'une mobilisation spontanée des citoyens… À vrai dire, ce que racontent Hugues Rondeau et Éric Chabrière n'est ni plus ni moins qu'une stratégie de communication redoutable, qui aurait pu être recommandée par n'importe quelle agence de communication *corporate* !

On résume. Premier étage de la fusée, l'IHU est visiblement capable de noyer les médias sous les annonces et les messages, *via* des moyens traditionnels : communiqués de presse, « exclusivités » diverses. Deuxième étage, l'IHU devient son propre média et évite ainsi toute contradiction, en prenant pour cela appui sur une personnalité extrêmement percutante, Didier Raoult, et en développant une chaîne YouTube où celui-ci peut discourir pendant des heures, sans contradiction. Troisième étage, peut-être le plus redoutable : l'institution favorise et encourage, hors de ce monde de l'information traditionnelle intermédiée et des canaux *top down*[1] comme YouTube, l'émergence d'une sphère sociale prête à démarrer au quart de tour, et avec laquelle elle entretient des contacts quotidiens… alors qu'officiellement aucun lien formel n'existe. C'est un cercle vertueux redoutable et terriblement efficace.

De son côté, Hugues Rondeau s'est retrouvé avec un sacré défi : maintenir un semblant d'ordre sur le groupe Facebook qui, lors de la semaine du lundi 23 mars au dimanche 29 mars 2020, a été alimenté de 21 000 messages, ayant ensuite généré plus de 1,63 million de partages…

1. Un message qui circule en mode *top down* est un message diffusé « du haut vers le bas », qui ne fait l'objet d'aucun échange avec l'audience, laquelle reçoit une information de manière passive. Sur YouTube, où les commentaires sont désactivés, Didier Raoult adopte par exemple une approche extrêmement *top down*.

« Il a fallu mettre sur pied une organisation professionnelle ou presque, me raconte-t-il. Quarante modérateurs, tous bénévoles… Et, croyez-le ou non, je n'en ai jamais rencontré un seul physiquement, pas un seul ! Même après la fin du confinement. Pour devenir modérateur, c'était assez simple : avec Bénichou, on regardait ceux qui participaient le plus, et le plus intelligemment. On pouvait voir immédiatement que certains avaient un bagage universitaire – ou, au moins, une formation. On voyait aussi ceux qui avaient une écriture, disons, “maîtrisée”. Pour les recruter, et leur proposer de devenir modérateurs, eh bien je leur envoyais des messages privés, tout simplement. J'ai eu, dans l'équipe, un infirmier, un prof de médecine à la retraite, et même un ancien journaliste. Mes copains qui lisent *Le Monde* avaient honte de moi, notamment parce qu'ils pensaient que tous les membres du groupe étaient des bac – 5… Et ensuite, il a fallu des gens pour coordonner les modérateurs. Pendant les premières semaines, tous les écrits étaient sans filtre, et là, vous charriez vraiment tout et n'importe quoi. On passait nos journées à effacer des posts[1]… »

Lorsque je lui demande le temps qu'il a consacré à ce groupe, Hugues Rondeau me répond *cash* : « Moi, j'y étais non-stop de 6 heures à minuit tous les jours. On était tous enfermés et je n'avais que cela à faire. Bon, je sais aussi que j'ai eu la chance d'avoir autour de moi une famille qui a été immédiatement convaincue de la pertinence des travaux de Didier Raoult ! Car dans le même temps, j'en ai vu, des familles qui se déchiraient… »

Alors bien sûr, malgré les précautions et les nuits blanches, il y a eu des dérapages. Hugues Rondeau me raconte, sourire dans la voix, un épisode qui l'a marqué :

1. Entretien avec l'auteur.

« Je me suis aperçu que nous avions un vrai impact, voire des moyens de pression, quand un informaticien a développé un petit programme permettant d'envoyer un mail au docteur Karine Lacombe[1]. Eh bien, elle a reçu 100 000 mails en vingt-quatre heures ! On aurait aussi pu faire sauter son standard téléphonique. »

Se reprenant bien vite, car il a manifestement compris que ses propos étaient déplacés, voire choquants, il me précise : « Mais c'est quand même à ce moment-là que je m'aperçois que tout ça, c'est super réactif ! »

Éric Chabrière ne bronche pas non plus lorsque j'évoque devant lui ce souvenir. Au contraire, même. Il persiste et signe en prenant un évident malin plaisir à évoquer l'information judiciaire ouverte après la plainte pour diffamation déposée fin 2020 par Didier Raoult à l'encontre du professeur Lacombe[2].

*

*   *

Apparemment assez satisfait d'évoquer avec un journaliste ces temps héroïques, Hugues Rondeau me raconte un autre épisode lors duquel, dit-il, il s'est trouvé « bon » : « C'est sur l'affaire *The Lancet*[3], à la fin du printemps 2020. J'en parle très vite au député Joachim

---

1. Cheffe du service des maladies infectieuses de l'hôpital Saint-Antoine à Paris, très présente dans les médias, elle a fermement critiqué, dès le 23 mars 2020, les travaux de Didier Raoult, évoquant un « essai qui est absolument contestable sur le plan scientifique et qui ne montre absolument rien quand on regarde exactement les chiffres et la façon dont il a été mené », de « faux espoirs de guérison », et une étude réalisée « en dehors de toute démarche éthique ». Elle a aussitôt subi de très violentes attaques en ligne.

2. Lors du bouclage de cet ouvrage, cette information judiciaire était encore en cours.

3. Voir chapitre 1 : « *Hold-up. Retour sur un chaos* : le documentaire complotiste qui a semé le trouble ».

Son-Forget[1]. En lisant l'article du *Lancet*, le type capte en un instant que rien ne va, on échange toute la nuit là-dessus ! De mon côté, en sept à huit heures, je google, je remonte LinkedIn, j'utilise Google Earth, et je vois qu'il n'y a rien qui colle entre les données sur lesquelles est censée reposer l'étude et la réalité de la société qui a produit les données ! »

Le groupe créé par Hugues Rondeau devient *le* grand repaire des détracteurs de l'« étude du *Lancet* ». Le 23 mai, lendemain de la publication de celle-ci, pas moins de dix-huit contenus ultra-critiques sont postés sur le groupe.

Et c'est ainsi que je découvre que, au-delà des proches de Raoult à l'IHU, la galaxie des bonnes fées qui se sont penchées sur le berceau du groupe est décidément très hétéroclite et inattendue. Témoin le concours prêté par le député Son-Forget, devenu un troll politique – du nom de ces figures du monde numérique dont l'activité principale est de pourrir les débats en ligne… et la vie de ceux qui y participent.

*

* *

Je ne peux terminer mon entretien avec Hugues Rondeau sans lui soumettre un élément qui m'avait sauté aux yeux en parcourant son profil sur le réseau LinkedIn. Au rayon des « formations », l'ancien maire de Bussy-Saint-Georges affiche… une école de journalisme.

1. Ancien membre du Parti socialiste, élu député de la 6e circonscription des Français de l'étranger en juin 2017 sous l'étiquette LREM, le très controversé Joachim Son-Forget, médecin de formation, quittera successivement La République en marche puis le groupe UDI, Agir et indépendants dans des circonstances assez houleuses.

En l'occurrence, l'une des meilleures, l'Institut pratique du journalisme, grande école parisienne, au réseau des anciens très implanté dans les principales rédactions françaises. Rondeau me raconte : « J'ai un rapport au journalisme assez fort : mon père était journaliste, j'ai effectivement fait l'IPJ, j'ai écrit plusieurs livres... Mais je n'ai pas pratiqué longtemps le métier de journaliste ; je me suis très rapidement engagé en politique, j'étais directeur de cabinet de Paul Violet, adjoint à la mairie de Paris à l'époque de Jacques Chirac... »

C'est un élément d'importance qui revient régulièrement dans les trajectoires des acteurs majeurs de la dark info : tous, ou presque, semblent entretenir un rapport passionnel avec le journalisme, qu'ils aient rêvé d'y faire carrière, ou qu'ils aient eu maille à partir, un jour, avec un journaliste ayant produit un sujet qui aura eu un impact négatif et décisif sur leur vie.

Un vrai phénomène d'attraction-répulsion, qui rend certains « faussaires de l'info » encore plus zélés quand il s'agit de s'en prendre aux « médias *mainstream* », avec lesquels ils ont vécu des histoires d'amour souvent très contrariées.

9

Martine Wonner. Quand la dark info débarque à l'Assemblée

Martine Wonner a un point commun avec Gérald Darmanin, le ministre de l'Intérieur. La députée de la quatrième circonscription du Bas-Rhin, médecin psychiatre dans le civil, dégaine son « 06 » et le distribue à la première occasion venue à tous les interlocuteurs qu'elle rencontre. Gérald Darmanin le donne à l'oral, ou le griffonne à l'arrière d'une carte – comme un gage de proximité et une promesse de suivi personnel des dossiers. Martine Wonner, elle, l'a fait imprimer sur sa carte de visite. Ce qui, chez une députée, est franchement rare. « Ça me permet d'avoir de vrais contacts, avec des gens normaux, et pas uniquement la bulle parisienne… », se justifie-t-elle[1].

Résultat : quand elle me reçoit ce vendredi matin dans sa permanence parlementaire, installée dans un petit immeuble de bureaux fraîchement sorti de terre en pleine zone artisanale, dans le village alsacien de Wiwersheim, le téléphone de Martine Wonner vibre sans arrêt. Je reconnais les notifications qu'elle reçoit.

1. Entretien avec l'auteur le 28 mai 2021.

J'aperçois l'icône Telegram. Celle de Signal[1], également. Des messageries réputées sécurisées, très utilisées par les politiques, mais qui sont également, on l'a vu, des plaques tournantes de la dark info.

Avec qui Martine Wonner échange-t-elle sur ces réseaux privés ? Qu'y trouve-t-elle ? Matière à argumenter ses prises de position ?

Lorsque je le lui demande, elle élude ma question, puis m'explique que les sources de ses interventions sont des « revues médicales ». Pourtant, après l'avoir enregistrée dans les contacts de mon téléphone, je retrouve sans peine la parlementaire dans l'un des groupes Telegram ouvertement complotistes que j'ai rejoints pour les besoins de mon enquête. Le groupe en question s'appelle : « STOP Masques Vaccins National », et rassemble 15 000 membres.

Pour vous donner une idée de sa teneur, on peut y lire des énormités comme : « 80 % des femmes enceintes injectées ont perdu leur enfant dans les trois premiers mois de grossesse. » Ou y trouver d'innombrables liens vers le site aubedigitale.com, où « Jade », l'une des très prolixes rédactrices (avec une moyenne hallucinante de plus de vingt articles par jour), écrit que « le programme de vaccination coordonné à l'échelle mondiale peut être interprété comme un élément constitutif d'une stratégie supranationale de grande réinitialisation ».

La « grande réinitialisation » ? Cette théorie, ultraprésente dans le documentaire *Hold-up*, qui voudrait voir la preuve d'un machiavélique plan mondial de

1. Signal est une application de messagerie qui ressemble par de nombreux aspects à WhatsApp, mais dont la réputation de sécurisation est encore plus élevée, reposant sur un chiffrement maximal des échanges, vocaux ou écrits. J'y ai retrouvé la plupart de mes interlocuteurs lors de l'écriture de cet ouvrage.

manipulation de la population sous couvert de la pandémie de Covid-19[1].

Croiser une députée de la République en plein cœur des lieux où se fabrique et se diffuse la dark info, c'est forcément un peu déroutant… Et, selon moi, profondément inquiétant.

Derrière ses longs cheveux frisés blonds, Martine Wonner est petit à petit devenue l'un des visages politiques de la dark info. Au début du quinquennat, elle parle au *Monde*, à France Inter. « J'étais considérée comme étant la gaucho de La République en marche », me resitue-t-elle, un grand sourire au coin des lèvres. Le chef de service politique expérimenté d'un grand titre de presse écrite, qui prend toutefois le soin de rester anonyme, me confirme se souvenir d'elle comme d'une femme avec qui on peut échanger : « Elle sortait du lot au début du quinquennat et n'avait pas sa langue dans sa poche, contrairement aux élus formatés… »

Aujourd'hui, sa moindre prise de parole est massivement relayée par de nouveaux organes aux noms obscurs : « Je parle à Vécu, à Antonio Palma, du groupe Facebook “Les Médiateurs by Colères des rues”, ou au Média en 4-4-2, et aussi à Putsch », me détaille Martine Wonner, en véritable experte de ceux qu'elle appelle les « médias libres », et que je place de mon côté au cœur de la vaste fabrique de la dark information.

L'avant-dernier cité par Martine Wonner, Média en 4-4-2, est d'ailleurs l'un des plus addicts à la députée : on trouve plus de 250 occurrences de son nom sur le site ! Toutes louangeuses, bien entendu.

---

1. Voir chapitre 1 : « *Hold-up. Retour sur un chaos* : le documentaire complotiste qui a semé le trouble ».

*
* *

Depuis le mois de mars 2020, l'élue a ainsi fait entrer les rumeurs les plus folles dans l'hémicycle du Palais-Bourbon. Un exemple parmi d'autres : lors d'une de ses conférences de presse à laquelle j'assiste, en juillet 2021, dans l'enceinte même de l'Assemblée nationale, elle entretient volontairement l'impression d'un lien entre l'industrie pharmaceutique et l'apparition du virus. « Je voulais vous alerter, et j'espère qu'avec votre éthique de journalistes vous irez faire de l'investigation auprès d'une société qui travaille depuis plusieurs années sur la propriété intellectuelle des brevets. Depuis 1999 ont été déposés des brevets parlant de Covid-19, de coronavirus. Et ces brevets sont particulièrement interpellants, intéressants, sachant qu'on ne peut jamais breveter au monde quelque chose qui n'est pas naturel[1]. »

L'élue suggérerait donc que le Covid-19 aurait une origine humaine, et que des sociétés commerciales auraient travaillé dessus depuis de nombreuses années…

L'origine de la rumeur propulsée ce jour-là par Martine Wonner est très facile à retracer : le site Internet *France-Soir*[2] avait relayé quelques jours plus tôt cette théorie infondée qui fait l'amalgame entre « Covid-19 » et « coronavirus ». J'ai choisi de ne pas répéter ici le nom de l'entreprise mise en cause.

Très vite, la rumeur gagne les groupes Telegram « France Réinfo », « Silvano Trotta Official Chat », ou

1. Conférence de presse de Martine Wonner à l'Assemblée nationale, le 21 juillet 2021.

2. Voir chapitre 10 : « Et l'illustre *France-Soir* devint la bible des complotistes… »

bien encore celui de l'association « Bon Sens »[1]. Association dont la députée alsacienne est d'ailleurs membre fondatrice, aux côtés de Xavier Azalbert, le patron de *France-Soir*, ou de Silvano Trotta[2], qui se trouve précisément résider dans sa circonscription. « Silvano, c'est un ami du fils de mes voisins », me raconte l'élue.

C'est aussi Martine Wonner qui, pendant les manifestations, souffle sur les braises de la défiance, et ne réagit pas quand, comme à Nancy, le 3 juillet 2021, un manifestant appelle à « remettre la guillotine » pour décapiter le gouvernement, qu'il accuse d'avoir commis un « génocide »[3].

Cet épisode, Martine Wonner l'a précisément gardé en tête : « La violence verbale, comme ça, en public, ne me fait pas peur », minimise la parlementaire, lors d'un nouvel entretien plusieurs mois après dans les jardins de l'Assemblée nationale. Elle est déjà prête à trouver des excuses à « son » manifestant : « Quand on voit que, pendant la crise, les riches sont devenus encore beaucoup plus riches, et que la précarité a augmenté, ça entraîne aussi de la violence ! » justifie-t-elle[4].

Toujours à propos de cet épisode du 3 juillet, elle poursuit : « Ce monsieur, j'ai pris le temps d'aller discuter avec lui, après. En fait, il était venu avec l'un de ses enfants [...]. Il était à bout de quelque chose, notamment par rapport aux enfants, par rapport au port du masque, par rapport à tout ça. » Décidément, il n'y a chez la parlementaire aucun regret concernant l'indulgence dont elle a fait preuve ce jour-là. Le mot « erreur », lorsque je l'avance, est systématiquement écarté.

---

1. Voir également le chapitre 10.
2. Voir chapitre 5 : « Odysee et Telegram, les plateformes adorées des complotistes ».
3. Voir chapitre 3 : « La dark info, combien de divisions aujourd'hui ? »
4. Entretien avec l'auteur le 21 septembre 2021.

C'est elle, enfin, qui, le 17 juillet 2021, dans le cortège parisien du tout premier rassemblement de l'été des antivax et anti-pass, après avoir défilé, bras dessus, bras dessous, avec Florian Philippot, a lancé, pour faire pression avant le vote sur l'entrée en vigueur du pass sanitaire, l'appel suivant : « Allez faire le siège des parlementaires, allez envahir leurs permanences pour dire que vous n'êtes pas d'accord », juchée sur une estrade installée en face du ministère de la Santé et louée par Les Patriotes, le parti de l'ancien cadre du FN. Dans un contexte où plusieurs parlementaires avaient alors déjà reçu des menaces pour les dissuader de voter en faveur du pass sanitaire.

Qu'elle semble loin la « gaucho de La République en marche »...

Lorsque je la questionne, Martine Wonner se met rapidement en mode « circulez, il n'y a rien à voir ». Elle commence par une explication de texte pour le moins alambiquée : « Quand je dis envahir, c'est au sens noble du terme, au sens figuré du terme, ce n'est pas au premier sens du terme. Le "envahir", le sens est aussi : "ne pas y aller seul"[1]. »

Puis... elle réitère carrément l'invitation à s'introduire, avec ou sans l'accord des élus, dans les permanences. Et surtout à plusieurs : « Seul face à un député, vous ne pouvez pas avoir le dernier mot. Donc si vous avez des choses à dire, que vous êtes contre le pass, que vous êtes contre ce qui se passe, vous y allez à deux, trois, quatre... pour dialoguer. »

Et bien sûr, dans l'esprit de la députée, les journalistes sont là encore les coupables tout désignés de sa présence dans les gros titres de l'actualité après cette

1. Entretien avec l'auteur le 21 septembre 2021.

sortie plus ou moins contrôlée. Responsables de ne pas avoir compris, ou plutôt voulu comprendre, ce qu'elle avait tenté d'exprimer… « Les médias attendent chacun de mes faux pas… Les vautours ! Je n'ai pas le droit de dire un mot plus haut que l'autre. »

*

* *

Au cours de nos différents entretiens, je tente de savoir pourquoi cette élue, propulsée en politique en 2017 comme tant d'autres membres de la société civile sous les couleurs En marche !, a connu un changement de parcours si drastique en mars 2020, passant des échanges de SMS avec Emmanuel Macron aux groupes Telegram les plus obscurs, pour se retrouver bientôt en rupture de ban avec toute sa famille politique. Au point, fait rarissime, de se faire virer de deux groupes politiques en quinze mois.

La raison la plus flagrante est que Martine Wonner est absolument et totalement convaincue de ce qu'elle raconte. « Quand vous avez des gens qui font 500 kilomètres et qui s'effondrent en larmes quand ils vous voient, c'est quelque chose, quand même ! » me dit-elle le plus sérieusement du monde, dans le calme de sa permanence parlementaire. À deux reprises, elle s'arrête de parler, les yeux embués. Lorsqu'elle évoque son engagement, d'abord, en le comparant carrément à celui des résistants de sa famille durant la Seconde Guerre mondiale. La séquence « émotion » dure plusieurs minutes. Puis, de nouveau, alors qu'elle parle de l'implication sans réserve des médecins – elle se ressaisit cette fois-ci beaucoup plus rapidement. Je sens pourtant que son trouble n'est pas feint : tout cela la bouleverse. Sincèrement.

J'ai réussi à identifier le moment où tout a basculé pour Martine Wonner, où elle est passée du statut de parlementaire quasi inconnue à celui de figure montante, puis de véritable star de la dark info. C'était au tout début du premier confinement, le 21 mars 2020 pour être précis. Les conditions sont un peu rocambolesques, en voici le résumé : le 5 mars, l'élue part pour quatre semaines de vacances en Australie, en partie calées sur une suspension des travaux de l'Assemblée.

En arrivant à destination le lendemain, premier choc : elle constate l'application stricte de mesures sanitaires, tout le temps et partout. « Vous ne rentriez pas dans un magasin sans que quelqu'un vous ait désinfecté les mains, puis votre caddie ! »

Le lundi 16 mars, Martine Wonner est encore à plus de 15 000 kilomètres de Paris quand Emmanuel Macron décide d'un confinement strict de quinze jours, martelant, plus jupitérien que jamais : « Nous sommes en guerre ! » Après une longue journée d'excursion sur les routes australiennes, l'élue s'affale sur son lit d'hôtel, zappe sur son téléviseur, et tombe sur l'allocution présidentielle. « Je me souviens parfaitement avoir dit à mon conjoint : "Tiens, il est encore plus en décalage que d'habitude..." »

Martine Wonner et son compagnon précipitent leur retour. Atterrissage à l'aéroport Charles-de-Gaulle le 19 mars. « Et là, nouveau choc ! On a galéré pour rentrer à Strasbourg. Tout était fermé. Aucune annonce, aucune affiche. Quinze jours après ce que j'avais connu en Australie, le décalage m'a semblé tellement immense. »

Le jour même de son retour, le téléphone de la parlementaire se met à sonner : « Des collègues de l'Est me disent : "C'est la catastrophe, tout le monde tombe malade. Mais tout va bien, on prend de l'hydroxychloroquine, et en vingt-quatre heures, on est sur pied." C'est pour moi la première remontée au sujet du fameux traitement mis au point par Didier Raoult. C'est mon réseau de médecins, les collègues de ma clinique, qui m'ont rapidement mise sur la piste. »

Puis, le lendemain, nouvel appel décisif. Au bout du fil, une médecin de la région parisienne, Violaine Guérin, que Martine Wonner connaît pour l'avoir reçue en tant que présidente d'une association de lutte contre les violences faites aux femmes. « Violaine me dit : "Il faut qu'on fasse quelque chose, tout cela est totalement anormal !" »

« Tout cela », comprendre cette situation où des médecins s'autoprescriraient, selon elles, de l'hydroxychloroquine, alors que les patients, eux, en seraient privés...

Et voilà comment, le 21 mars 2020, dans la soirée, Martine Wonner bascule. Épaulée par Violaine Guérin et trois autres confrères, Thierry Lardenois, Natacha Regensberg et Philippe Lacrosse, elle crée le collectif baptisé « Laissons les médecins prescrire ». « À partir de ce moment-là, on se faisait des réunions quotidiennes en visio sur Zoom, qui duraient entre deux et trois heures. »

Pourquoi se lancer à ce moment précis ? La parlementaire se réfugie derrière ces « mystères » qui la dérangent, ces choses « pas normales » qu'elle constate de toutes parts. Bref, elle agite des arguments péremptoires et, surtout, invérifiables, que l'on qualifie depuis de « complotistes ». « J'ai plein d'éléments qui me font me dire qu'il y a des choses bizarres qui se passent. Mais, à ce moment-là, je n'ai pas compris... »

Dans un premier temps, c'est une *love story* avec les médias traditionnels, BFM, RTL, LCI... Le collectif prend la lumière, notamment après son initiative d'une lettre ouverte au président de la République dans laquelle ses membres réclament de pouvoir prescrire de l'hydroxychloroquine.

Martine Wonner a tout de la bonne cliente : médecin, parlementaire de la majorité, mais non alignée sur les positions de l'exécutif. Une dissidente en devenir… Elle coche toutes les cases !

Pourtant, la lune de miel médiatique ne va pas durer. Très vite, Martine Wonner trouve qu'elle est maltraitée par les médias classiques. À ses yeux, ses interventions sont systématiquement trop courtes, repoussées à des heures de faible écoute. Elle lâche même le mot qui fâche et crie à la « censure » : « Quand on était invités, on ne pouvait pas développer nos idées, me raconte-t-elle. On commençait à discuter, à expliquer le "pourquoi", et on était coupés ! Ça durait deux minutes, et on était tout de suite censurés. En face, il y avait des machines de guerre, les premiers médecins que l'on a vus sur tous les plateaux pendant des mois et des mois… Comme Karine Lacombe ou Martin Blachier. »

Ce fonctionnement est pourtant celui, très habituel et parfois cruel, des chaînes d'info, où les invités ont tendance à être programmés, déprogrammés, reprogrammés. Où les arguments échangés doivent être concis, avec des plateaux représentant plusieurs sensibilités, de préférence en désaccord entre elles. Où certains sont à la mode pendant quelques semaines, puis plus du tout…

La deuxième cause de sa métamorphose politique est, cette fois, beaucoup plus opportuniste. Martine Wonner a bien compris qu'il y avait un créneau à exploiter. Et donc un vivier de voix à prendre.

Quelques jours après avoir créé son mouvement politique, « Ensemble pour les libertés », le 14 septembre 2021, elle me dit *cash* : « Ma cible de marché, ce sont les jeunes, les 20-35 ans, qui ne votent pas. » Elle développe encore, concernant cette fameuse « cible », et élargit : « On permet de s'exprimer à des gens qui ne sont ni entendus, ni vus, qui disparaissent de tous les radars, qui n'existent pas, qui ne vont plus voter, parce que ça fait longtemps que ces gens ne votent plus. Ils peuvent dire ce qu'ils ressentent, et comment ils vivent les choses. »

Carlo Brusa, qui compte parmi ses proches et ses conseils, me le dira sans ambages en juin 2021 : dans ses rêves les plus fous, il espèrait que Martine Wonner soit candidate à l'élection présidentielle. « On y travaille… », me glissait-il alors, tout fier de son coup.

Désormais fort loin de ces chimères élyséennes, trois mois après sa double éviction de LREM puis du groupe « Libertés et Territoires »[1], Martine Wonner théorise son positionnement résolument dégagiste : « Il y a quand même 70 % de gens qui ne sont pas allés voter lors des élections régionales, et c'est ceux-là qui commencent à comprendre que les politiciens et leurs agissements, ça n'a que trop duré ! Je dénonce aujourd'hui l'ensemble des partis politiques. Je pense que l'une des premières choses qu'il faudrait faire, c'est de les dissoudre… Les citoyens seraient enfin entendus, si mes collègues ne pensaient pas d'abord à leur *ego* et à leur carrière ! Mon mouvement appartiendra à tous ces citoyens français qui n'en peuvent plus[2]… »

C'est à vrai dire sa seule et dernière chance pour continuer à exister en politique. Malgré les sourires qu'ils lui adressent encore dans les couloirs de l'Assemblée, plusieurs de ses camarades parlementaires me racontent

1. Et après un court passage au sein d'un nouveau groupe qu'elle a contribué à créer, « Écologie démocratie solidarité » (EDS), et qu'elle quittera dès septembre 2020.

2. Réponse apportée par Martine Wonner à une question de l'auteur lors d'une conférence de presse à l'Assemblée nationale le 21 juillet 2021.

être persuadés que Martine Wonner disparaîtra du paysage politique sitôt le quinquennat d'Emmanuel Macron achevé.

Au départ, lorsque j'évoque son nom auprès de plusieurs élus, les réactions sont d'ailleurs un peu gênées. Il y a ceux qui esquivent, comme Christophe Castaner, le patron des députés LREM. « N'ayant pas été député quand elle était dans notre groupe, je dois avouer la connaître assez peu », s'excuse l'ancien ministre de l'Intérieur, pourtant l'un des premiers à s'être rués sur Twitter, en juillet, pour réclamer auprès du président de l'Assemblée nationale, Richard Ferrand, qu'il saisisse la justice après les fameuses déclarations de Martine Wonner appelant à « envahir » les permanences parlementaires.

Depuis son grand bureau de président de la commission des affaires culturelles et de l'éducation, Bruno Studer, député de la majorité, fait, lui aussi, mine de ne pas souhaiter évoquer sa remuante collègue. « Je n'en parle plus », balaie-t-il dans un premier temps. Toutefois, dès la question suivante, l'ancien professeur d'histoire-géographie ne peut s'empêcher de sortir les griffes : « Il y a des gens qui considèrent qu'on ne leur dit pas la vérité, qu'on ment. [Des gens qui disent] : "Vous, le peuple, je m'adresse à vous, vous savez ce qui est vrai, vous êtes trahis par les élites." Ça a un nom très clair, c'est du populisme ! Et c'est très difficile [à combattre], parce que nous n'avons à leur proposer que des arguments raisonnables ! [...] Bien sûr qu'il peut y avoir des personnes qui s'expriment, qui ont un talent pour faire ça, qui ont été nourries par la bête aussi... Parce que Martine Wonner, c'est une création médiatique en partie aussi. Elle a été sursollicitée. Du coup, il y a aussi une ivresse médiatique[1] ! »

1. Entretien avec l'auteur le 19 octobre 2021.

François-Michel Lambert, député écolo des Bouches-du-Rhône, élu sous l'étiquette EELV sous François Hollande en 2012, puis LREM en 2017, a été collègue de groupe avec Wonner à deux reprises : « La première fois que je l'ai croisée, c'était à l'été 2017, lors d'un rendez-vous de cohésion des députés de la majorité. Pour être franc, elle était déjà assez surexcitée et je l'ai vite fuie, se souvient-il. Pour autant, lorsqu'elle arrive chez "Libertés et Territoires", je n'ai pas d'inquiétude : c'était tout à fait conforme à la ligne de notre groupe d'être capables de l'accueillir : on aime bien les personnalités un peu *space*, on est quand même le groupe de Jean Lassalle ! » s'amuse-t-il[1].

Mais, très vite, il déchante, et, comme ses petits camarades, se prononce en faveur de l'exclusion de l'élue du groupe : « On a eu des échanges avec elle. On lui a expliqué que ce qu'elle défend ne fait pas partie de la charte de nos valeurs. » Au bout du fil, François-Michel Lambert ajoute : « Je crois qu'elle pense bien faire, parce qu'elle croit sa cause juste... »

La troisième raison du spectaculaire basculement de Martine Wonner est celle que j'ai eu le plus de mal à mettre au jour : une motivation encore plus personnelle, voire intime, et qui tient à un épisode traumatique vécu il y a plus de vingt-cinq ans.

Le lundi 13 novembre 1995, Martine Wonner s'appelle encore Martine Margueron, a tout juste trente ans et est médecin-conseil auprès de la Sécurité sociale du Haut-Rhin, à Mulhouse. Pour la toute première fois, elle se retrouve devant des caméras de télé. Dans son journal de 20 heures, le présentateur Daniel Bilalian lance un sujet qui propose de découvrir le quotidien de l'un des

1. Entretien avec l'auteur le 14 octobre 2021.

2 500 médecins-conseils de la Sécurité sociale. Nous sommes quelques semaines avant les grandes grèves de décembre 1995. Alain Juppé tente de faire passer plusieurs réformes de l'assurance maladie, dans l'optique d'en redresser les comptes. Le reportage, réalisé par le journaliste John Paul Lepers, débute par un plan sur... les jambes de Martine Margueron. Un tailleur *so 90's*, le regard déterminé et les cheveux blonds frisés. Le journaliste commente : « À l'heure du déficit de la Sécu, la mission de Martine Margueron s'oriente de plus en plus vers une limitation des dépenses. Aujourd'hui, elle examine l'utilité de quelques arrêts de travail... » Et la voilà filmée en pleine consultation, en train d'abréger le congé maladie d'un salarié qui avait été arrêté dix jours, et qu'elle renvoie au travail au bout de sept...

« On a pu économiser en journées payées de travail, puisque la personne reprend son travail plus précocement ! L'assurance maladie ne doit pas prendre en charge quelque chose d'inutile », se réjouit-elle, face caméra. Personnage central du reportage, la jeune médecin incarne ce soir-là la bonne élève et la pasionaria pro-Juppé. Pis : le journaliste en fait même une véritable bœuf-carottes – en référence aux policiers de l'Inspection générale des services (IGS) –, épluchant sans faiblir les ordonnances de ses confrères médecins, à l'affût du moindre abus.

Martine Margueron est ainsi filmée lors d'une conversation téléphonique en train de faire la leçon à une praticienne : « On pourrait quand même imaginer que vous mettiez un autre médicament d'emblée, car c'est un médicament très cher ! »

Son interview est multidiffusée dans les journaux du service public au cours de la semaine. Encore plus improbable : Michel Serres, le philosophe, s'en saisit dans l'émission « Arrêt sur images », diffusée quelques jours plus tard. Il s'amuse du zèle de Martine Margueron. Et la rhabille pour l'hiver en juppéiste empressée, tout entière acquise à la réforme portée par le Premier ministre de l'époque…

Cette médiatisation, l'élue du Bas-Rhin s'en souvient très bien. Elle m'explique qu'elle avait été précipitée, sans aucune préparation, face à John Paul Lepers. « Il m'a suivie pendant quarante-huit heures ! Le service communication de l'assurance maladie m'avait choisie, je pense, parce que je présente bien, que je suis plutôt agréable à regarder. »

Elle est bien consciente que l'image donnée ce soir-là était tout autre. Elle me révèle que ces premiers pas à la télé lui ont coûté très, très cher. « Je vais tout vous dire : ce sujet m'a valu mon divorce », me glisse la parlementaire.

De toute évidence, cette première médiatisation ratée, aux conséquences désastreuses, pèse lourd dans la relation conflictuelle que Martine Wonner entretient aujourd'hui avec les journalistes. Comme si elle cherchait sans relâche à prendre une forme de revanche.

*

* *

Retour à Paris, dans la manifestation du 17 juillet 2021, un peu après 16 heures. Sur l'antenne de BFMTV, la reporter qui, micro anonymisé, couvre le défilé, va commettre une petite erreur.

Décrivant le premier rang du cortège, elle cite les noms de Florian Philippot, de Francis Lalanne, de Nicolas Dupont-Aignan… mais pas celui de Martine Wonner. « Il y a aussi Frigide Barjot », raconte la journaliste à l'antenne, confondant purement et simplement les deux femmes. La même blondeur, certes. Mais, surtout, le même rôle d'opposante numéro un sur un sujet sociétal. Un impair qui m'amuse, tant il me semble symbolique.

Martine Wonner n'avait pas vu cette séquence. Je la lui raconte. Je lui demande si elle ne craint pas de s'autoréduire au même rôle, celui de l'opposante systémique, caricaturale, et grande gueule inefficace. La réponse fuse : « Non mais attendez, moi j'ai bac + 12 ! J'ai toujours été première de classe. »

Comme si le nombre des années d'études préservait des dérapages et des égarements. Comme si avoir été une excellente élève empêchait de se tromper, de se perdre dans la vraie vie en devenant le relais zélé des pires théories complotistes…

10

Et l'illustre *France-Soir* devint la bible des complotistes…

Nous échangeons depuis deux minutes à peine, et Xavier Azalbert, propriétaire de la mythique marque de presse *France-Soir* depuis 2012, transformée, sous son impulsion, en un site Internet relayant toutes les théories « stars » des complotistes, m'a déjà vanté sa formation de mathématicien. Elle lui permet, dit-il, de ne pas se faire « enfumer » par de fausses « metrics » – traduire : des données chiffrées tronquées[1]. Trente secondes plus tard, voilà l'entrepreneur, qui ne répond quasiment jamais aux interviews portant sur son média, lancé dans un cours sur le marketing de l'information et des contenus. C'est simple : cet après-midi de juin 2021, j'ai presque l'impression de parler à une machine à conceptualiser. Doublée d'un homme d'affaires qui prend un plaisir évident à raconter ce qu'il juge être « sa » *success story*. Pour vous donner une idée des contenus qu'Azalbert publie, c'est par exemple sur son site que j'ai pu lire, le 9 janvier 2021, trois jours après les émeutes du Capitole, à Washington, des théories affirmant que l'élection américaine avait été volée à Donald Trump par

1. Entretien avec l'auteur le 22 juin 2021.

une « immense fraude électorale organisée en faveur des démocrates[1] ».

Mais en première analyse, le parcours peut inspirer le respect. Xavier Azalbert, c'est d'abord un brillant homme d'affaires de cinquante-sept ans, qui, à la fin du XXe siècle, a fait fortune en étant l'un des premiers à développer une banque en ligne. En 1999, en pleine bulle Internet, ce diplômé de la Toulouse School of Economics et ancien de chez McKinsey se retrouve grand patron à trente-quatre ans de First-e, plateforme créée depuis Londres avec le soutien d'une banque française totalement inconnue du grand public, la Banque d'escompte, dont Azalbert est alors directeur du marketing[2].

First-e, valorisée à un milliard d'euros quelques mois après sa naissance, mettra finalement la clé sous la porte en moins de deux ans. Dans la plus pure tradition de l'entrepreneur qui doit accepter les échecs – les *fails*, en langue *start-up nation* –, ce crash n'empêchera pas Azalbert de relancer plusieurs établissements ou solutions de paiement en ligne. Et d'être cette fois couronné de succès, notamment avec Skrill, créé en 2001 sous le nom de « Moneybookers.com », et revendu en 2007.

Au point de pouvoir se « payer » une danseuse, une marque mythique de la presse écrite alors bien loin de sa splendeur passée, *France-Soir*, le 9 octobre 2012, et ce pour seulement 500 000 euros[3].

---

1. Frédéric Vidal, « Aux États-Unis, l'Histoire se joue. Quel impact pour la France ? », in *France-Soir*, 9 janvier 2021, https://www.francesoir.fr/opinions-tribunes/aux-etats-unis-lhistoire-se-joue-quel-impact-pour-la-france

2. Joël Morio, « Internet favorise la banque directe en Europe », in *Le Monde*, 12 septembre 1999, https://www.lemonde.fr/archives/article/1999/09/12/internet-favorise-la-banque-directe-en-europe_3567433_1819218.html

3. *France-Soir*, journal né en 1944 et issu de la Résistance, a été le grand quotidien de l'après-guerre en France, diffusant jusqu'à sept éditions

*
* *

Cet épisode First-e me semble absolument déterminant à plusieurs titres dans le parcours d'Azalbert. D'abord parce qu'il s'agit de sa première incursion dans le monde des médias. Interrogé dans les colonnes du *Monde* ou de *Libération*, l'entrepreneur vante, plein d'enthousiasme, les vertus de sa banque en ligne[1]. Il est aussi reconnu en Grande-Bretagne, où il reçoit par exemple les honneurs du *Guardian*, qui le place le 4 octobre 1999 puis, de nouveau, le 8 mai 2001 parmi les figures montantes de la bulle Internet. En fouillant dans les archives, je découvre ainsi un article dithyrambique d'une publication anglaise spécialisée, dans lequel Azalbert raconte sa lecture du marché bancaire version 1999 : « Je pense que les statistiques affirmant que les gens déménagent plus souvent qu'ils ne changent de banque ont été prises pour argent comptant, s'y rengorgeait-il. C'est exactement comme ces marques dont la promesse repose sur l'idée suivante : "Ça fait quarante ans que je suis là, alors restez avec moi !" Eh bien aujourd'hui, figurez-vous que vous trou-

---

par jour, dépassant le million d'exemplaires vendus en 1953. Joseph Kessel, Philippe Labro, Lucien Bodard, Françoise Giroud ou Henri de Turenne y signaient des reportages remarqués. Son histoire, ensuite, ne fut que déclin, avec de nombreuses reventes, jusqu'au rachat par Azalbert. À écouter, à ce sujet, le passionnant documentaire de France Culture : « Les années Lazareff de *France-Soir*, entre 1949 et 1972 », https://www.franceculture.fr/emissions/sur-les-docks/les-annees-lazareff-de-france-soir-entre-1949-et-1972

1. Joël Morio, *op. cit.* ; François Sergent, « Un banquier tisse sa toile. Premier projet européen de banque entièrement sur l'Internet », in *Libération*, 10 avril 1999, https://www.liberation.fr/futurs/1999/04/10/un-banquier-tisse-sa-toile-premier-projet-europeen-de-banque-entierement-sur-l-internet_270872/

verez de plus en plus de personnes qui ont plusieurs comptes en banque. C'est pour cela que nous devons, avec First-e, proposer quelque chose de spécial[1]. »

Lorsque je découvre cette interview, quelques jours après notre entretien, je suis stupéfait : c'est presque un copier-coller du petit cours de marketing des médias que vient de me réciter l'homme d'affaires, vingt-deux ans plus tard ! Remplacez le mot « banque » par le mot « média » et « First-e » par « *France-Soir* », et vous obtenez l'exacte manière dont Azalbert justifie aujourd'hui la ligne éditoriale si particulière de francesoir.fr.

Pour lancer sa démonstration, Azalbert débute par une métaphore issue de la grande distribution. « Il y a entre 36 000 et 40 000 produits différents dans un hypermarché, pourtant, ce sont presque tous les mêmes. Ils sortent de la même usine, on les a juste packagés différemment. Eh bien il se passe la même chose dans l'information. Prenez BFMTV ou CNews : ils fonctionnent avec deux ou trois sources d'information, rien d'autre. Ce sont des supermarchés de l'information où rien ne change, sinon le fait de savoir si la caissière, ou le caissier, est blonde ou brune[2]. »

Xavier Azalbert revendique un projet éditorial radicalement différent pour son média – exactement comme feu First-e, qui devait « proposer quelque chose de spécial » sur le marché bancaire. « Avec *France-Soir*, je ne fais pas de l'emballage, j'ai changé le produit à la base. J'ai essayé de dé-packager l'information, de la dé-biaiser, s'enflamme-t-il. Vraiment ! Et si l'informa-

1. « Electronic banking – He wants you to ditch your old bank and take your first-e », 20 octobre 1999, https://www.campaignlive.co.uk/article/electronic-banking-wants-ditch-old-bank-first-e/120204

2. Entretien avec l'auteur le 22 juin 2021.

tion était fausse ? Plus personne ne se pose la question dans les supermarchés de l'info ! »

« Avec *France-Soir*, je revendique être ce que l'on appelle en science un contrariant : un contrariant, quand on lui dit bleu, il pense noir ! poursuit-il dans un drôle de galimatias. Je suis même, je pense, le premier contrariant : celui qui est indépendant », tente-t-il de conceptualiser.

En bon spécialiste du marketing, il m'explique avoir pris grand soin de vérifier cette intuition éditoriale lors de *focus groups*[1] : « Pour décider de la ligne éditoriale, on a organisé une dizaine de rencontres. Avec mon équipe, on est vraiment au contact de nos lecteurs ! »

Content de son effet, Azalbert m'assure même avoir mis sur pied une rédaction d'un nouveau genre. Une équipe « ouverte », « en réseau » : « J'ai monté un vrai collectif de travail composé de sachants dans leur domaine. On écrit des articles collaboratifs. On utilise tous les outils technologiques possibles : une boucle sur WhatsApp et des messages sur Slack[2], des Google Doc... Je dirais que l'on est allés jusqu'à 800 personnes qui travaillent sur nos articles ! » me jure-t-il – en exigeant de moi que je le croie sur parole.

Tout en m'accordant plus de deux heures d'entretien au téléphone, il ne souhaite ni m'accueillir dans les locaux de sa rédaction – pour « protéger ses jeunes journalistes qui s'en prennent plein la tête à longueur de temps » –, ni me donner des exemples de *making-of*

1. Un *focus group* est une technique marketing qui consiste à réunir des consommateurs et à leur faire évaluer les qualités et les limites d'un produit.

2. Slack est une messagerie instantanée très utilisée pour le travail collaboratif, où des équipes s'organisent en autant de « canaux » de travail ou de discussion.

d'articles qui auraient ainsi été rédigés et enrichis en mode collaboratif.

En revanche, Azalbert est intarissable sur les vertus de son modèle. « Dans les médias classiques, le circuit traditionnel repose sur l'écriture d'un article par un journaliste, parfois une relecture par un secrétaire de rédaction, mais pas toujours, puis une publication par un rédacteur en chef. Mais sur la base de quoi un rédacteur en chef pourra dire : "Allez, c'est bon, on y va !" ? Chez moi, franchement, ça n'a rien à voir : ce sont des publications soumises à un comité de lecture », me fait-il valoir, tentant un comparatif assez osé entre l'écriture scientifique, fondée sur une relecture entre pairs, et les articles souvent anonymes publiés sur son site.

*

*   *

La force de conviction de Xavier Azalbert se heurte pourtant inlassablement au mur de la réalité et à la nature des contenus publiés par le site francesoir.fr.

Depuis sa reprise en main du titre en 2015, après une période de trois ans où il en était resté simple investisseur, et encore plus singulièrement depuis le début de l'année 2020, le fameux positionnement « différent » prôné repose surtout sur l'agrégation de toutes les théories complotistes du moment.

Les exemples donnent le tournis. Arrêtons-nous d'abord sur un paradoxe, et non des moindres. Une journée type, sur francesoir.fr, c'est la publication d'une grosse vingtaine d'articles, un seuil minimal pour un site gratuit cherchant à se développer et se rémunérer grâce à la monétisation, *via* diverses formes de publicité, d'une audience suffisante.

De manière pour le moins surprenante, 70 à 80 % de ces publications quotidiennes sont, d'après mes constatations, de simples reprises de dépêches de l'Agence France-Presse (AFP). Ce qui est pour le moins paradoxal. En effet, les dépêches de l'AFP alimentent l'ensemble des médias français, des chaînes d'info en continu aux sites Web en passant par tous les titres de presse écrite, nationaux comme régionaux. Pas très « singulier » tout ça, donc !

La volonté affichée de « déconstruire l'information » se heurte visiblement à la nécessité de publier de manière soutenue… Mais Azalbert n'est manifestement pas à une contradiction près puisque, au cours de notre long entretien, il me confie à de nombreuses reprises tout le mal qu'il pense de l'AFP. Il me révèle même avoir entrepris un « classement », c'est son terme, des journalistes de l'agence. « Plus de 60 % des dépêches AFP sont fausses. J'ai noté les journalistes de 1 à 5 ; il n'y en a pas un seul qui arrive à 3. Sur un tableau Excel, j'ai disséqué chaque information, chaque dépêche ! »

Quid dès lors des contenus restants ? Les 20 à 30 % « propres » produits chaque jour par *France-Soir* portent plusieurs signatures différentes. La plus courante étant : « La rédaction de *France-Soir* ». Plus rarement, le nom du propriétaire du site. Azalbert me jure qu'il n'est pas le seul à utiliser la signature collective, et qu'il salarie toujours plusieurs journalistes. « Leurs noms n'apparaissent pas pour ne pas les griller. Et j'ai conscience que ce n'est pas facile à porter dans les dîners en ville de dire que l'on travaille pour *France-Soir…* », arguë-t-il. Là encore sans apporter le moindre élément de preuve.

Certains articles sont décrits comme des « informations ». D'autres, comme des « tribunes », appartenant donc au registre des opinions – même si, pour le lecteur pressé, la différence ne saute pas forcément aux yeux…

Je me suis arrêté sur trois exemples qui, à mon avis, sont représentatifs du malaise francesoir.fr. Trois parmi des centaines d'autres du même acabit. Des articles qui appellent les lecteurs du site à des formes de mobilisation ultra-violente, entretiennent le soupçon d'une corruption généralisée des élites, ou relaient des théories ouvertement complotistes.

C'est ainsi qu'on a pu lire sur le site, le 22 janvier 2021, le texte du chanteur Francis Lalanne, devenu un héros des antivax, appelant l'armée à destituer Emmanuel Macron et l'ensemble du gouvernement. « Il est du devoir de l'armée française pour assurer la "sûreté" du peuple français de procéder à la mise à pied des auteurs du coup d'État – c'est-à-dire de l'actuel gouvernement[1] », écrivait Lalanne dans cette libre opinion, qui lui vaudra d'être entendu par la Brigade de répression de la délinquance contre la personne (BRDP) le 5 février suivant, avant un classement de l'enquête sans suite, faute d'une infraction suffisamment caractérisée.

C'est sur francesoir.fr, encore, que l'on peut lire un auteur (qui publie sous le pseudo : « Le médecin résistant ») affirmant, à la fin du mois d'août, que « la Veuve », autrement dit, et sans ambiguïté possible, la guillotine, s'« impatiente ». La liste des têtes que ce courageux anonyme souhaite faire tomber est

1. Francis Lalanne, « J'appelle ! », in *France-Soir*, 22 janvier 2021, https://www.francesoir.fr/opinions-entretiens/francis-lalanne-appel, consulté le 27 septembre 2021.

juste effrayante : « Ceux à qui profite le crime. L'industrie pharmaceutique, les médecins corrompus, les politiques à l'idéologie européiste et mondialiste qui, après avoir pendant des décennies lentement sabordé notre pays en détruisant méthodiquement ses valeurs ancestrales (patriotisme, sécurité, éducation, culture, famille traditionnelle, morale universelle chrétienne sécularisée), ont, par haute trahison, achevé la ruine de la France[1]. »

On se croirait revenus sous la Terreur…

Enfin, je vais aussi retrouver sur le site la trace de cette histoire de complot des « pierres de Guidestones ». Souvenez-vous. Serge Petitdemange, au moment où il s'apprêtait à me déposer à la gare SNCF de Valence, le 27 juillet, m'avait parlé de cette théorie farfelue[2]. L'article titré « Histoire du COVID-19 – chap 10 : La vérité sous influence contre l'instinct de survie. Que révèle l'épidémie sur les intentions de l'oligarchie mondiale ? » est censé être issu d'un ouvrage, mais n'a fait l'objet d'aucune diffusion en dehors des colonnes de francesoir.fr[3]. Dans cette publication, cosignée par Xavier Azalbert, on peut ainsi lire, sous une photographie représentant le fameux monument géorgien, que « certains cercles de pensée, y compris un grand nombre d'oligarques

1. « Covid-19 (diagnostic, traitements, vaccin) : panorama d'une escroquerie », contribution attribuée à un auteur signant sous le pseudo « Le médecin résistant, pour *France-Soir* », in *France-Soir*, 22 août 2021, https://www.francesoir.fr/opinions-tribunes/covid-19-diagnostic-traitements-vaccin-panorama-dune-escroquerie, consulté le 27 septembre 2021.

2. Voir chapitre 6 : « Dans l'Ardèche, “papi gâteau” enfile son treillis sur YouTube… »

3. Xavier Azalbert et Valère Lounnas, « Histoire du COVID-19 – chap 10 : La vérité sous influence contre l'instinct de survie. Que révèle l'épidémie sur les intentions de l'oligarchie mondiale ? », in *France-Soir*, 16 avril 2021, https://www.francesoir.fr/opinions-tribunes/histoire-du-covid-19-chapitre-10-la-verite-sous-influence-contre-linstinct-de

financiers et décideurs, aimeraient voir la population terrestre dramatiquement réduite à 500 millions d'âmes déshumanisées ». Le média francesoir.fr est peut-être la source qui a mis cette idée dans la tête de Petitdemange – et toutes les théories du complot prêtes à l'emploi qui se sont ensuivies.

L'article comporte un lien hypertexte qui renvoie vers un site encore plus obscur, baptisé « versdemain.org » et sous-titré : « Journal de patriotes catholiques pour la réforme monétaire du crédit social ». Et plus précisément vers un article publié en mars 2015 : « Limiter la population mondiale à 500 millions ? Les dix commandements du nouvel ordre mondial gravés sur le monument le plus étrange des États-Unis », qui se conclut par ces mots : « Si on considère que Satan se sert des promoteurs d'un gouvernement mondial, on peut dire que les Georgia Guidestones contiennent les dix commandements de l'Antichrist » !

Insérer un lien hypertexte est un vrai choix éditorial. Celui d'un auteur qui souhaite renvoyer ses lecteurs vers une source plus pertinente, censée faire référence sur le sujet. Xavier Azalbert sait donc ce qu'il fait en plaçant ces textes totalement insensés et dangereux à la portée de son public.

*

*   *

À ce niveau de n'importe quoi, on pourrait choisir de sourire. Se dire que tout cela est trop gros pour que quiconque puisse y croire réellement. Hélas, ma rencontre avec Serge Petitdemange, notamment, m'a démontré le contraire.

Ce qui provoque également des sueurs froides, c'est que Xavier Azalbert est aujourd'hui en mesure d'engranger des revenus publicitaires de ce genre de publications.

Certes, francesoir.fr fait partie des sites qui ont vu Google leur couper l'accès à sa plateforme de diffusion de publicités Google Ads[1], après la diffusion du magazine « Complément d'enquête » sur France 2, le 2 septembre 2021[2], qui démontrait comment certains médias de désinformation parviennent à tirer leurs revenus de la publicité digitale. Mais le géant du numérique ne représentait qu'une partie minoritaire des ressources publicitaires du site. Au regard de l'économie générale des contenus d'info sur Internet, on peut estimer qu'il s'agissait d'environ 20 % des recettes du média.

De fait, on retrouve également sur francesoir.fr des publicités affichées *via* la plateforme Outbrain, outil de recommandation de contenus. Son nom ne vous dit peut-être rien, mais son produit phare, lui, vous est familier : il s'agit des modules de recommandation que vous trouvez sous les articles d'un site de presse, et qui vous proposent d'autres sujets sur des actualités plus ou moins liées. Plus vous cliquez, et plus cela rapporte d'argent au site qui héberge le module de recommandation, en tant que générateur de trafic. C'est le cas de francesoir.fr, qui est donc payé en fonction du trafic

1. « Google a un règlement clair pour les éditeurs qui est conçu pour garantir à nos utilisateurs une expérience positive, tout en protégeant les marques contre la diffusion de leurs publicités à côté de contenus dangereux et trompeurs », expliquera un porte-parole de Google dans les colonnes du *Monde* le 10 septembre 2021.

2. Aude Favre et Sylvain Louvet, *Fake news, la machine à fric*, « Complément d'enquête », France 2, 2 septembre 2021, https://www.francetvinfo.fr/replay-magazine/france-2/complement-d-enquete/complement-d-enquete-fake-news-la-machine-a-fric_4736283.html

qu'il va générer depuis ses pages vers les contenus d'autres sites[1].

Selon les chiffres qu'Azalbert a accepté de me donner, un contenu génère, en moyenne, environ 70 000 lectures (on parle de « pages vues »). « Mais certains peuvent aller beaucoup plus haut, on a déjà fait des scores à 3 millions de pages vues », se dépêche-t-il de préciser.

Sachant qu'un éditeur peut gagner près de un euro de revenus publicitaires pour 1 000 pages vues, *France-Soir* pourrait engranger, avec la seule publication de sa vingtaine de contenus d'actualité quotidiens, environ 40 000 euros de revenus publicitaires mensuels. Et ce hors articles « de stock », et hors recettes tirées de la « longue traîne », c'est-à-dire issus de posts anciens qui continuent à générer de l'audience et des rentrées d'argent.

*

*   *

L'influence de Xavier Azalbert dans la nébuleuse de la dark information va bien au-delà des seules frontières du site francesoir.fr. C'est encore lui, par exemple, que l'on retrouve derrière la création de l'association BonSens.org, qui, au moment de son lancement, rassemblait la députée Martine Wonner, le professeur Christian Perronne[2] ou le complotiste en chef et spécialiste des ovnis Silvano Trotta. Martine Wonner me racontait ainsi s'être embarquée dans le collectif « *via* Xavier », avant

1. Contactées, les équipes d'Outbrain n'ont pas donné suite à ma demande d'interview portant sur le déploiement de leur plateforme sur un site tel que francesoir.fr.

2. Voir chapitre 3 : « La dark info, combien de divisions aujourd'hui ? »

de prendre ses distances, alertée notamment, m'a-t-elle expliqué, par le statut retenu pour développer la structure. BonSens.org est en effet une association de droit local dite « loi 1908 », lui permettant de poursuivre un « but lucratif », ce qui a fait craindre à l'élue un conflit d'intérêts avec sa mission parlementaire.

BonSens.org, domicilié dans les locaux mêmes de l'entreprise de Silvano Trotta, au bord de la route départementale 392, à Entzheim, dans la banlieue de Strasbourg, est une structure qui réunit une grande partie des antivax les plus acharnés. Elle est l'association qui donne un vernis de respectabilité à des informations douteuses échangées frénétiquement sur Telegram... Le rôle de Xavier Azalbert, très officiellement présenté comme « responsable de la publication » sur le site Internet de l'association, est, d'un pur point de vue de déontologie journalistique, particulièrement difficile à tenir : il dirige une association au sujet de laquelle des journalistes, dont il est le patron par ailleurs, sont censés pouvoir écrire en toute indépendance. Un exemple parmi d'autres : le 16 juillet 2021, quatre jours après l'allocution d'Emmanuel Macron, à la veille des premières grandes manifs anti-pass, et alors que les parlementaires s'apprêtent à examiner la loi instaurant le fameux sésame, BonSens envoie un courrier (en recommandé !) à chaque député et chaque sénateur, leur enjoignant de ne pas autoriser cette entrée en vigueur. Que se passe-t-il sur francesoir.fr ? Évidemment, un « article », signé « La rédaction de *France-Soir* », publie aussitôt la lettre en question... et se paie même le luxe de citer, entre guillemets, un « membre du bureau » de l'association... bureau dont Azalbert fait partie !

Un magnifique exemple de manipulation de l'info...

*
* *

Ironiquement, c'est avec un article de francesoir.fr que je souhaite conclure cette plongée dans les coulisses de la bible des complotistes. Il s'agit d'un texte vieux de quatre ans, publié le 18 janvier 2018 par l'un des « auteurs invités » sur le blog hébergé par le journal, le psychanalyste Rodolphe Oppenheimer, et titré, de façon plutôt prémonitoire : « Surinformation et *fake news* : comment démêler le vrai du faux[1] ».

On y lisait ces quelques préconisations... toutes assez pertinentes : « *Fake news* et inexactitudes sont diffusées en continu sur Internet. Il peut s'agir d'annoncer la mort d'une star ou de tenter de diffuser de fausses informations sur un candidat aux élections. Une information erronée ou fausse est très accrocheuse par son titre et peut faire des ravages épouvantables », débute le psychanalyste, qui développe ensuite ses conseils. « La première chose à faire lorsqu'une nouvelle tombe est avant tout de se renseigner sur la provenance de cette information [...]. Si elle n'est reprise que par un tabloïd de seconde zone connu pour ses idées fantoches, il vaut mieux se méfier et poursuivre ses investigations. »

Savoureux, non ? Et notre contributeur éclairé de conclure : « Parfois, sur les réseaux sociaux, des chaînes se montent avec comme intitulé "Ce que la presse ne vous dira jamais". [...] Nous entrons ainsi dans l'antre

1. Rodolphe Oppenheimer, « Surinformation et *fake news* : comment démêler le vrai du faux », in *France-Soir*, 18 janvier 2018, https://www.francesoir.fr/lifestyle-vie-quotidienne/surinformation-et-fake-news-comment-demeler-le-vrai-du-faux-reseaux-sociaux-presse-medias-rodolphe-oppenheimer-psychanalyste-danger

du complotisme, qui est une métascience[1] dont raffole le peuple ! »

Tout est dit et en peu de mots. On ne saurait trop conseiller à Xavier Azalbert (et à ses « journalistes » contributeurs) de se plonger de toute urgence dans la lecture des archives de francesoir.fr…

1. Une « métascience » est une « science de la science », ou l'étude, par des méthodes scientifiques, de la manière dont la science se fabrique ; dans cette citation, il faut donc voir le complotisme comme une « théorie sur la théorie » qui produirait des éléments de réassurance…

11

Comment les « ancêtres » de TV Libertés ont viré complotistes

Dans la grande et sulfureuse famille de la dark info, TV Libertés fait figure d'ancêtre. Du haut de ses huit années d'existence, de ses milliers de vidéos produites et diffusées, des 385 000 abonnés de sa chaîne YouTube, de ses 8 millions de vidéos vues chaque mois, de son staff de 25 salariés, c'est même un aïeul en pleine forme, résolument implanté dans le paysage de l'info YouTube.

Comme tous les pionniers, TV Libertés peut parfois avoir une allure *old school*. Son format phare, par exemple, est un JT diffusé tous les soirs à 19 heures, avec un présentateur (ou une présentatrice) qui commence son émission en disant : « Madame, monsieur, bonsoir. » Malgré ce côté un peu désuet, qui fleure bon la télé des années 1980, chaque journal suscite invariablement entre 60 000 et 80 000 vues dans les deux heures qui suivent sa mise en ligne. Un carton, tout simplement.

L'actuel directeur général, Martial Bild, qui a été l'un des fondateurs et le premier directeur de la rédaction de « TVL », comme disent les habitués, est loin d'être un inconnu pour ceux qui suivent la politique, et plus particulièrement l'extrême droite. Entre 1980 et 2008, il a, au milieu de nombre de mandats locaux, été successivement directeur de la communication du parti de Jean-Marie Le Pen, à la tête de toute la « presse du Front », puis conseiller régional FN d'Île-de-France. En 1996, il fonde front-nat.com, qui sera le premier site Internet d'un parti politique français. Farouche opposant à ce qu'il appelle, dans un entretien au *Magazine national des seniors* relayé par *National Hebdo*, la « ligne autiste[1] » de Marine Le Pen et Louis Alliot – comprendre : isolée de l'extérieur en général et du reste de l'extrême droite en particulier –, il démissionne en novembre 2008.

Après avoir quelque temps été patron d'une brasserie parisienne, un *business* dans lequel il se voyait bien poursuivre, il devient pourtant directeur de la rédaction de TV Libertés, qu'il fonde avec le chef d'entreprise à la retraite Philippe Milliau, venu, lui, du Bloc identitaire[2]. Aujourd'hui, Bild se dépeint comme le journaliste qui a donné corps au projet et l'a sauvé d'un échec inéluctable.

Assez vite après le début de leur aventure, les deux hommes présentent leur chaîne comme un lieu de « ré-information », « libéré du politiquement correct » et voué à promouvoir leurs idées...

---

1. Entretien de Martial Bild au *Magazine national des seniors*, relayé par *National Hebdo* en avril 2009. Supprimé du site *National hebdo*, l'entretien reste accessible à l'adresse suivante : https://web.archive.org/web/20160630143404/http://national-hebdo.net/MARTIAL-BILD-J-ETAIS-DEVENU-UNE

2. Le mouvement Bloc identitaire est né au début des années 2000 sur les cendres d'Unité radicale, formation d'ultradroite dissoute par le gouvernement après l'attentat manqué contre Jacques Chirac, le 14 juillet 2002, perpétré par Maxime Brunerie, un proche du mouvement. Fort tout au plus de 2 000 membres, le Bloc identitaire n'a jamais réellement cherché à être présent dans les urnes, mais a plutôt pesé dans les débats par des actions coups de poing ciselées pour susciter l'intérêt médiatique. On leur doit notamment l'organisation d'apéros « saucisson-pinard ». Philippe Milliau a été exclu du Bloc identitaire en mars 2012, accusé d'avoir cherché à transformer le mouvement en un parti classique – le patron du Bloc identitaire avait même dénoncé la « dérive stalinienne » de Milliau.

*
* *

Lors de notre rencontre en juillet 2021 dans un café du 16e arrondissement à Paris, Martial Bild est ravi de me raconter comment il a construit son JT « Canada Dry » : « Nous voulions les mêmes codes qu'un journal d'information, ou de la presse tout court, tout simplement parce que je suis convaincu que, pour aller chercher les gens qui sont abreuvés de médias classiques, il faut leur permettre d'entendre leurs idées, et les mettre en forme dans des codes qui les rassurent. Et nous les avons appliqués à la lettre ! Alors, oui, nous avons absolument copié ces codes-là, mais pour les utiliser à des fins différentes… »

Avec Bild, la conversation est extrêmement posée, précise – elle est même presque policée. Le directeur général de TVL, qui décrit son ancienne vie de politique comme celle d'« un très brillant second couteau dans un très beau vaisselier », est particulièrement féru de théorie politique. Il conceptualise son action et le positionnement de TV Libertés avec un brio intellectuel évident, et des références nombreuses. Il me raconte ce qui, en 2013, l'a fait monter à bord de ce média né entre deux cartons : « Quand TV Libertés se crée, la politique était une période révolue de ma vie. J'avais repris une première brasserie, je m'apprêtais à remonter une autre affaire… Celui qui m'a convaincu, c'est Philippe Milliau, qui s'est dit : "Bon ben voilà, j'ai soixante-cinq ans, je peux prendre ma retraite, mais je veux faire quelque chose d'utile !" Plusieurs ambassadeurs de Philippe, puis lui-même, sont venus me voir. Ils voulaient quelqu'un qui avait été journaliste, qui savait faire fonctionner un média. C'est comme ça que je suis devenu directeur de la rédaction de TV Libertés. »

Il me confie aussi un aspect plus personnel : « Au moment où j'ai cette proposition, j'ai une famille, j'ai un métier qui fonctionne très, très bien, et voilà que je m'apprête à rejoindre un métier de saltimbanque ! Salarié, certes, mais mal payé. C'était risqué. Cela a aussi été une décision familiale. Mais je savais que, si je n'y allais pas et que l'aventure décolle, j'allais m'en mordre les doigts pendant vingt ans. »

Alors Bild a pris son risque, comme dirait Emmanuel Macron. Milliau avait de son côté travaillé à la recherche de financements. « C'est quelque chose qu'il a toujours su faire. À notre hauteur, les fonds sont importants : Philippe est arrivé à trouver un million d'euros. Il a fait le tour des copains pour réunir cette somme. Pas de souscription publique. Et attention, on a souvent dit qu'on aurait été financés par les Russes. Il n'y a que ceux qui ne les connaissent pas qui peuvent penser que les Russes financent facilement un média en France ! C'est une vision assez complotiste des choses finalement. Il n'y a pas eu un centime de la Russie dans TV Libertés, pas un ! D'ailleurs, ils ont fini par créer leur propre média en décembre 2017, Russia Today (RT France), qui doit vivre vingt fois mieux que nous[1]... »

Bild m'assure que sa première action en tant que directeur de la rédaction a été de faire redescendre sur terre la brochette de fondateurs, qui avait des rêves démesurés pour le média, débattus lors de réunions qu'il abritait d'ailleurs dans sa brasserie de la porte d'Auteuil : « Le projet, quand je suis arrivé, c'était de réussir à faire

1. Voir chapitre 13 : « Russia Today France, Sud Radio : ces médias qui flirtent dangereusement avec la dark info ».

des directs partout, un flux continu. C'est un projet qui consistait presque à recréer TF1. Moi, je voulais deux choses : des invités, le maximum d'invités, car toute notre zone de pensée dispose de centaines, de milliers d'intellectuels, qui, par définition, n'ont pas accès aux médias classiques… et un JT. Pour les invités, c'était un point tellement important que cela a même influencé notre installation en région parisienne. Certains disaient : "On peut faire ça de Rennes, de Nantes…" Moi, je savais que pour avoir des invités de qualité, il fallait être à Paris. »

Les fondateurs de TV Libertés partagent le même constat sur le paysage de l'information version 2013 : « L'idée de base, à l'époque, c'est qu'il y a une information officielle, qui est corsetée, coincée dans un cercle maléfique qui est… disons, en gros, les écoles de journalisme qui formatent, les annonceurs qui imposent, le Conseil supérieur de l'audiovisuel (CSA)[1] qui dispose. Un monde médiatique qui finit par n'être que dans l'entre-soi. Pas forcément volontairement ou consciemment, mais on est dans un entre-soi, car on a été formaté de telle façon que l'on a une même forme de pensée, de réaction, d'action, d'appréciation de la société et de l'information. »

Pour Martial Bild, il a fallu « beaucoup réfléchir », beaucoup tâtonner – et se tromper – pour inventer le positionnement éditorial de la chaîne : « J'ai cherché pendant longtemps quel terme on pouvait utiliser. Et on a un peu merdé là-dessus, il faut bien le dire. On

---

1. Le 1er janvier 2022, le CSA et la Haute autorité pour la diffusion des œuvres et la protection des droits sur Internet (Hadopi) ont été fusionnés pour donner naissance à l'Autorité de régulation de la communication audiovisuelle et numérique (Arcom). Ce nouveau gendarme de l'audiovisuel et du Web devra notamment veiller à ce que les réseaux sociaux et les sites en ligne comptant plus de cinq millions de visites uniques par mois respectent l'ensemble de leurs obligations légales.

a commencé par “contre-information”. Mais la contre-information, c'est une réponse à une information qui a été donnée... Ça ne nous positionnait pas comme acteurs, ni comme créateurs. On passait pour des suiveurs, avec seulement des contre-arguments. Après, on a adopté “ré-information” : ça veut dire qu'on informe de manière différente. Mais ce terme-là a donné, sur un terrain qui ne nous était pas favorable, “ré-infosphère”, puis “fachosphère”. Il a donc fallu y renoncer, puisqu'il avait été sali. »

Persuadé qu'il est urgent de distinguer et de positionner clairement TV Libertés, Bild a conscience qu'il faut surprendre : « Et donc, j'ai repris, et c'est mon vrai motif de fierté, le terme “alternatif”. Je dis bien que je l'ai repris, pas créé [...]. Je suis allé le puiser dans l'argumentaire gauchiste, dans cette réalité idéologique, en me disant que si je remettais en avant ce terme-là, ceux qui ont la volonté de nous dénigrer seraient assez embêtés, car il ne nous est pas propre. Ce mot, je l'ai ramassé dans le ruisseau, et je l'ai ramassé dans un silence que j'ai trouvé amusant. Je pensais que très vite j'allais trouver des gens qui allaient me dire : “Mais comment il ose ? C'est notre terme, c'est notre cœur sacré, c'est notre Graal.” Pas du tout. La gauche et l'extrême gauche sont à ce point en panne que, même sur un mot, elle réussit à se faire avoir, à se faire préempter ! Aller voler un terme à l'extrême gauche, c'est comme si vous mettiez “grand remplacement” dans la bouche de Jean-Luc Mélenchon. “Alternatif” représente un pan de vie de l'extrême gauche... Et aujourd'hui, il définit parfaitement, je trouve, ce qu'est TV Libertés. »

*

* *

Dans les démonstrations si méthodiques de l'intarissable directeur général, je relève encore deux éléments très marquants en plein cœur du récit de vie de TV Libertés *made by* Martial Bild.

Le premier, c'est la manière dont ce dernier me raconte la constitution de l'équipe : « On a recruté des journalistes de manière assez facile, car notre projet était une réponse à la réalité de l'étouffement de certains individus en école de journalisme. De ceux qui ne pensaient pas la même chose et qui vivaient comme un enfer leur parcours obligatoire. On a aussi accueilli Élise Blaise, qui est aujourd'hui directrice de la rédaction de TVL. Elle venait de la chaîne spécialisée Equidia, où il fallait travailler très vite et dans de mauvaises conditions ; elle avait beaucoup d'automatismes. En revanche, là où ça a été beaucoup plus difficile pour nous, ça a été de recruter des techniciens. Personne, personne, personne ne voulait venir. Il fallait que l'on trouve des gens qui, tout en travaillant chez M6 ou Canal, viennent nous aider à monter le bastringue. Puis nous avons trouvé au fur et à mesure nos propres techniciens. Aujourd'hui, nos réalisateurs et nos cadreurs sont entièrement dévoués, euh, dédiés… Enfin, dévoués aussi un peu, à TV Libertés. »

Désormais, la chaîne compte 25 salariés, dont 6 journalistes, 10 techniciens. « Ça pèse lourd, soupire le directeur général. Il y a 25 fiches de paie à sortir tous les mois, plus les autoentrepreneurs. Notre budget, de un million d'euros par an, est alimenté *via* les appels aux dons que nous lançons en continu… »

Le deuxième élément qui m'a frappé, c'est la posture qu'adopte Martial Bild lorsque je lui parle de carte de presse. Ni lui, ni aucun des journalistes, n'est aujourd'hui reconnu comme tel par la « Commission de la carte d'identité des journalistes professionnels », malgré, me dit Bild, plusieurs demandes. Au premier abord, il semble prêt à dénoncer une cabale, un délit d'opinion : « Je fais aujourd'hui trois à quatre heures d'enregistrement par jour, je dirige une émission avec une soixantaine de personnes, je fais des interviews, et aujourd'hui je n'ai pas de carte de presse, elle m'a été refusée deux fois pour des motifs absolument dérisoires. »

Je lui demande si ces refus ne sont pas plutôt motivés par le fait que TV Libertés est aujourd'hui éditée par une association, et non une entreprise de presse. Bild change alors brusquement de ton, et passe du registre de l'énervement à celui de la rigolade : « Oui, c'est ça. Mais, dans la réalité, j'ai fini par trouver plus amusant de ne pas l'avoir ! Ce statut de parias nous convient parfaitement. On peut aussi en jouer… Et puis finalement, quand je dis que je n'ai pas de carte de presse, je m'extrais des 35 000 personnes qui l'ont… »

*

* *

TV Libertés peut parfois se transformer en vieil oncle très gênant quand arrive la fin de soirée. J'en ai personnellement fait l'expérience, sur le terrain, et très tôt après la naissance de TVL. C'était le mardi 11 mars 2014, sur le coup de 22 h 30, dans une salle de conférences sans âme du 9e arrondissement de Paris où se déroulait la cinquième cérémonie des « Bobards d'or », une « cérémonie satirique qui distingue les journalistes les plus habiles à désinformer pour servir le Système », selon les termes de la fondation Polémia, tenue par l'ancien cadre du FN et énarque Jean-Yves Le Gallou, grand organisateur de l'événement…

TVL adore cette fête, et la traite abondamment et extensivement tous les ans. Je la couvrais de mon côté pour le Lab d'Europe 1, média dont j'étais alors le rédacteur en chef. Ce soir-là, j'avais entendu de sacrées horreurs antijournalistes dans la salle. Entre un « Au four ! » destiné à Pierre Bergé, un « Au bûcher ! » lors de la diffusion d'un reportage de France 2 montrant la vie dans un camp de Roms en banlieue parisienne, sans oublier un « Ah, c'est elle ! C'est une pute ! » quand était apparu le visage d'une journaliste.

Mais si je me souviens si bien de cette soirée, c'est aussi parce que, à la fin, des membres de l'équipe de TV Libertés m'avaient proposé de répondre à quelques questions façon micro-trottoir. Comme j'avais passé la soirée seul sur mon siège et que j'assurais aussi une chronique politique dans une émission de la chaîne parlementaire LCP, j'avais, je pense, été assez facilement identifié comme journaliste « étranger » au petit monde des fans des Bobards d'or. M'ayant aisément « confondu », l'équipe de TV Libertés m'avait alors fermement incité à sortir de la salle... Sans violence aucune, mais, disons, avec suffisamment de conviction pour que je renonce *illico* à m'insurger. Loin, très loin, de l'échange doucereux avec Martial Bild en juillet 2021.

*

* *

Depuis deux ans, et les débuts de la crise sanitaire, TVL est clairement passée en mode « lance-flammes », reprenant les discours les plus extrêmes et soufflant sur les braises déjà vivaces du complotisme et de la désinformation.

L'une des stars de TV Libertés depuis mars 2020, c'est, bien sûr, Didier Raoult. On dénombre plus de 1 500 occurrences du nom du professeur marseillais à l'intérieur du domaine tvlibertes.com en utilisant un outil de recherche avancé de Google. « Didier Raoult, l'ennemi n° 1 du politiquement correct », titre par exemple le JT maison du 8 juin 2021, avant d'enfoncer profondément le clou huit jours plus tard : « Professeur Raoult : pourquoi veulent-ils sa peau ? »

Parmi les invités qui ont leur rond de serviette sur les plateaux de TV Libertés, on retrouve l'avocat de l'infectiologue, Fabrice Di Vizio, qui a été le sujet d'une vingtaine d'articles et de reprises vidéo sur le site Web de la chaîne entre septembre 2020 et juillet 2021. Là aussi, les titres sont sans grandes nuances : « Covid-19 : Fabrice Di Vizio pulvérise tout le monde », lit-on le 15 mai 2021, mais aussi : « Scandales du Covid-19 : l'avocat du Pr. Raoult dit tout », le 28 novembre 2020, ou bien encore : « Covid-19 : F. Di Vizio, l'avocat à l'origine de la perquisition des ministres, explique tout ! », le 17 octobre 2020.

L'une des vidéos qui symbolisent le mieux la couverture de la crise sanitaire par TV Libertés, et donc son nouveau positionnement, est celle qui, à la fin du mois de juillet 2020, met en scène Alexandra Henrion-Caude, une autre personnalité controversée, devenue une star de la galaxie des complotistes du Covid. Cette interview, titrée « Covid-19 : La généticienne Alexandra Henrion-Caude vous dit tout » (décidément l'un des *gimmicks* de la chaîne !), qui a fini par être supprimée par YouTube, accumulait les fausses informations et les exagérations les plus caricaturales. Cette ancienne directrice de recherches à l'Inserm y racontait porter un « regard terrifié » sur les vaccins contre le Covid-19, alors en test. « L'horreur de l'horreur de l'horreur, c'est qu'on a choisi arbitrairement l'Afrique du Sud pour mettre en place une vaccination de force dans des centres tenus secrets », s'exclamait-elle, oubliant que ces tests avaient été conduits sur des populations volontaires et dans des centres effectivement tenus secrets... par peur d'actions de groupes opposés aux vaccins[1] !

À la fin de cette vidéo de quarante-cinq minutes, l'ancienne chercheuse, totalement en roue libre, se lançait dans une comparaison déplacée au sujet d'un éventuel vaccin : « Je suis catastrophée pour la suite : on a eu le service du travail obligatoire[2], c'était de sombres heures, et visiblement, on serait en train de discuter et même d'implanter l'idée d'un traitement obligatoire... le vaccin ! Et si vous n'êtes pas vacciné, vous n'aurez plus le droit de voyager, de voter. [Tout cela, ce serait] l'anéantissement de ce qu'est l'espèce humaine au niveau de deux richesses, la richesse de la communication [...] : quand je mets un masque, je vous muselle ! Et au niveau vital, [l'anéantissement] de l'essence même de la vie, puisqu'on néantise toute une partie de la population que l'on va véritablement instrumentaliser, à servir de bébés-médicaments, à servir de cobayes. »

Cet entretien a marqué le début de la « starification » d'Alexandra Henrion-Caude au sein de la communauté des antivax. Elle a aussi participé à l'accélération de sa

1. Voir, par exemple, l'article « L'Afrique du Sud brave les rumeurs pour tester un vaccin contre le Covid-19 », de Valérie Hirsch, la correspondante du journal *Le Temps* à Johannesburg, publié le 8 juillet 2020, et accessible à l'adresse suivante : https://www.letemps.ch/monde/lafrique-sud-brave-rumeurs-tester-un-vaccin-contre-covid19

2. Le « service du travail obligatoire », ou STO, mis en place par le gouvernement de Vichy durant la Seconde Guerre mondiale, a consisté à envoyer plusieurs centaines de milliers de citoyens français travailler en Allemagne.

chute et de sa perte de crédibilité dans la communauté scientifique.

Le célèbre généticien Axel Kahn, par exemple, qui fut son directeur de thèse[1], avait ainsi pris la peine, le 30 mai 2021, de répondre aux questions du *Parisien*, quelques semaines seulement avant sa mort début juillet. Une interview dans laquelle il laissait entendre que l'évolution de son ancienne doctorante le désolait : « Alexandra a travaillé dans mon laboratoire. C'était une très remarquable jeune femme, très intelligente. Une scientifique de très bon niveau. C'est l'un de mes enfants qui est tombé[2]... »

La faute, selon lui, à un « phénomène sectaire » : « Alexandra est à mon sens un cas unique en son genre. Des savants maudits à la belle carrière, qui tout à coup ont une idée et sont incapables de la remettre en cause, il y en a eu beaucoup. Voyez Didier Raoult, ou Luc Montagnier. Mais son cas est différent. Elle articule la réalité autour de sa vérité spirituelle. »

*

* *

Pour TV Libertés, cette vidéo surréaliste a été une véritable aubaine et un triomphe absolu : la dernière capture, disponible *via* le site archive.org, montrait que, le 14 décembre 2020, dans sa version diffusée sur

---

1. Thèse soutenue en 1997 et intitulée « Signalisation transcriptionnelle du glucose dans le foie : clonage des gènes usf et leur étude fonctionnelle dans la régulation de la transcription ».

2. Christel Brigaudeau, « Covid-19 : comment la scientifique Alexandra Henrion-Caude est devenue l'égérie des complotistes », in *Le Parisien*, 30 mai 2021, https://www.leparisien.fr/societe/covid-19-comment-la-scientifique-alexandra-henrion-caude-est-devenue-legerie-des-complotistes-30-05-2021-IBZFUZAQPNDJTHLF4F2N7Y35HE.php

YouTube, elle atteignait 1 523 440 visionnages en un peu moins de cinq mois. Ce qui en faisait, et de très loin, la vidéo la plus regardée de tous les temps parmi les productions de TV Libertés[1].

Martial Bild le reconnaît bien volontiers : c'est la crise sanitaire qui a boosté les audiences de son média. « On a progressé de 165 % en un an », se félicite-t-il, avant de détailler les grandes heures de sa chaîne : « On a eu trois grands moments de vie : La Manif pour Tous, le mouvement des Gilets jaunes et la crise du Covid. Trois moments absolument différents, mais qui ont en commun d'être alternatifs. »

Sur la couverture de la crise sanitaire, il m'assure, contre toute évidence : « Dès le départ, nous avons eu une vision non pas complotiste, non pas sceptique, mais réaliste. Même pas critique, juste réaliste. »

Loin d'avoir le triomphe honteux et de souhaiter cacher cela sous le tapis, il se montre particulièrement satisfait du traitement éditorial réalisé par ses équipes depuis un an. Et se lance alors, non sans emphase, dans un long et vibrant plaidoyer : « Je pense que la place que l'on a prise a été valable. Sur cette notion de complotisme, je suis assez, comment dire… circonspect. Tout est complot ! Moi, j'essaie d'avoir une version réaliste des choses en prenant en compte l'ensemble des données qui existent. J'essaie de me garder des excès, des simplicités, et je n'ai pas de but commercial avéré, si ce n'est que des gens aiment ce que l'on fait. Je n'utilise pas d'artifice pour arriver à mes fins ! Chacun doit pouvoir dire ce qu'il veut tant qu'il ne porte pas atteinte à la

1. La deuxième vidéo la plus regardée de TV Libertés sur YouTube est l'interview d'un ancien dealer de stars, qui culmine, trois ans après sa mise en ligne le 24 janvier 2019, à 1,3 million de visionnages.

dignité humaine. Et ne me parlez pas trop des lois, car, finalement, les lois liberticides sur la liberté d'expression sont les seules que l'on applique au pied de la lettre, voire à la virgule près, toutes les autres lois en France étant dépassées, débordées, non appliquées… »

Lorsque je lui demande s'il n'y a pas, quand même, des éléments qui l'inquiètent parmi les thèses qualifiées de « complotistes », ou que je lui donne l'exemple du travail de *France-Soir*, Martial Bild contre-attaque sèchement : « Je ne répondrai pas à cette question, je ne suis pas dans le jugement. Si je ne suis pas dans le jugement des journalistes de *Libération*, je ne veux pas être dans le jugement des journalistes de *France-Soir* ! Ces deux médias, finalement, sont la même presse complotiste… Quand *Libération* titre : "L'extrême droite tue en France" trois fois en trois mois, c'est une obsession… »

À cet instant, il ne fait aucun doute pour moi que le positionnement de TVL est avant tout motivé par l'opportunisme politique et commercial de ses fondateurs, ainsi que la sensation, excitante, certes, d'avoir flairé un bon filon éditorial, terriblement porteur. Et aussi d'avoir identifié de nouveaux « bons clients », de véritables têtes de gondole médiatiques, comme Alexandra Henrion-Caude ou Fabrice Di Vizio…

Mais pas seulement, revendique Bild : « Je pense que nous, chez TV Libertés, on a assez bien compris pourquoi une partie de la population n'adhère plus à la presse classique. Parce qu'il y a des bugs. Il y a des faits alternatifs, et nous avons été en phase avec la population sur le sujet de la crise sanitaire. Je pense que l'on en touche une forme de dividende ! »

Bien évidemment, cette nouvelle sortie de route me fait sursauter. Parler de « faits alternatifs » est extrêmement connoté, puisqu'il s'agit de l'une des expressions clés du trumpisme. Elle est née en janvier 2017, lorsque Sean Spicer, porte-parole à la Maison-Blanche, a affirmé, au mépris de tous les chiffres disponibles, que la cérémonie d'investiture de Donald Trump avait été celle ayant attiré la plus grande audience de tous les temps… avant d'ajouter : « Parfois, nous pouvons être en désaccord avec les faits. » Sous-entendu : et imposer notre version des faits, nos faits alternatifs.

Dans un moment comme celui-là, la lumière semble jaillir. Comme si tout le vernis de respectabilité que Bild cherchait à badigeonner sur son média sautait d'un seul coup. Comme si tous ses développements et théories s'effondraient en même temps.

Selon moi, dans la grande famille de la dark info, TVL correspond à du Donald Trump et du Fox News en langue de Molière. Avec la même fascination pour la télé à l'ancienne et, en parallèle, la même manipulation des réseaux sociaux, la même tactique du coup d'éclat permanent.

12

Les jeunes branchés de Livre Noir, rois de la manipulation

Ce dimanche 6 juin 2021, sur le coup de 18 heures, c'est le grand jour pour Erik Tegnér. Cet ancien militant Les Républicains, mis à la porte avec fracas en novembre 2019, s'apprête à signer son retour dans le débat public. La raison de son exclusion ? Tegnér s'était montré, un peu trop ouvertement au goût de certains, partisan d'une union des droites allant de LR jusqu'au Rassemblement national, et notamment Marion Maréchal-Le Pen, dont il est un proche.

Voilà bientôt un peu moins de cinq mois qu'Erik a lancé en sous-marin, et sans jamais que son nom apparaisse, Livre Noir, un média qui diffuse des entretiens au long cours sur une chaîne YouTube et en version podcasts sur Spotify. Une sorte de TV Libertés qui aurait adopté les codes YouTube plutôt que de singer ceux de la télé de papa, mais qui, à l'inverse des « ancêtres » de TVL, n'aurait pas vraiment pris le temps de définir son positionnement. Ce qui fausse un peu le contrat de confiance avec son audience, qui ne sait pas toujours très bien dans quelle contrée éditoriale elle met les pieds…

Ce 6 juin, Erik est tendu. Il s'apprête à réaliser un gros coup : Livre Noir va diffuser un entretien d'une heure vingt-cinq minutes avec Éric Zemmour, journaliste au *Figaro* et éditorialiste sur CNews, héraut de la droite nostalgique, qui, à l'époque, cultivait encore le mystère le plus épais sur ses intentions présidentielles. Alors Erik veille au grain et espère que tout va se passer selon le plan qu'il a conçu pour faire rayonner son joli scoop, le premier de Livre Noir.

Dans le fauteuil rouge sur fond noir, décor emblématique de l'émission, filmé par trois caméras, faisant face à un intervieweur aux relances très présentes mais qui reste hors champ, Éric Zemmour formule en effet pour la première fois son envie de « passer à l'action, parce que la prévision, la prédiction, même la prophétie, ne suffisent pas ». Les deux bras sur les accoudoirs, comme dans des *starting-blocks* invisibles, Zemmour déroule sa prise de conscience en convoquant la figure de Jacques Bainville, journaliste, historien, académicien proche de Charles Maurras, figure de l'Action française, mais qui, sur la fin de sa vie, aurait confessé son grand regret de ne pas avoir quitté la case « commentateur » pour celle d'« acteur » politique. Il minaude : « Modestement, j'ai, depuis vingt ans, annoncé, prophétisé, en vain pour l'instant, en disant : "Mais vous voyez, voilà ce qui va arriver"... Et j'ai longtemps pensé que cela suffisait. C'est-à-dire, je me suis longtemps dit... euh... je suis dans la bataille idéologique, dans la bataille gramscienne, vous savez, du célèbre Gramsci, dans la lutte culturelle – et c'est déjà faire de la politique. Je continue d'ailleurs de le penser. Mais, là, en voyant les états d'âme et les regrets de Jacques Bainville, qui se dit : "J'aurais dû être [ministre des Affaires étrangères]", je ne peux pas ne pas penser à moi dans les mêmes circonstances ! »

*

* *

Erik m'avait mis dans la confidence de cette interview plusieurs semaines auparavant. J'avais vu circuler sur Twitter les premiers contenus de Livre Noir, et, intrigué, j'avais immédiatement cherché à en savoir plus. Après plusieurs échanges de messages privés et un premier rendez-vous annulé à la dernière minute côté Livre Noir, j'avais reçu le 12 mai un SMS signé « Erik Tegnér » – il n'avait jusqu'alors jamais assumé être derrière le projet.

Je connaissais bien sûr le nom de cette jeune pousse politique qui a commencé sa carrière à l'UMP, mais je n'avais jamais eu l'occasion d'entrer en contact avec elle. Très rapidement, Erik partage avec moi de nombreuses informations sur le développement de Livre Noir. Je sais donc que l'entretien de Zemmour est prévu de longue date et qu'il a été tourné neuf jours avant d'être diffusé grâce au dispositif « Première[1] » de YouTube, le 28 mai, dans un cadre assez inédit. Le fameux fauteuil rouge est en effet installé... en plein milieu de la chambre d'Erik, dans l'appartement du 15e arrondissement de Paris où il vit en colocation, à deux pas du métro Cambronne.

« La vérité, c'est que je dors dans mon studio de tournage. Tu vois le canapé ? J'ai mon matelas juste derrière. Globalement, 90 % des invités ne savent pas que c'est chez moi, et que je vis là. Et je ne laisse pas un caleçon traîner sur le canapé... Le studio, lui, est extrêmement beau, tout est noir, tu ne vois pas l'ordi-

1. Dispositif qui permet de fixer un horaire précis pour la première diffusion d'une vidéo.

nateur derrière quand tu arrives. Quand on me demande comment je finance ? Eh ben, c'est ça : au lieu d'avoir un bureau, je dors dans mon putain de studio. Faut y aller, en termes de déter', faut vraiment y aller. Mais pour l'instant, c'était très bien d'être dans un appart, parce que c'est plus familial[1]. »

Pour assister au tournage de l'entretien d'Éric Zemmour, Erik a fait un aller-retour en avion depuis Budapest, où il avait passé quelques mois au premier semestre 2021, dans le cadre d'une résidence au sein d'un *think tank* conservateur, le Danube Institute – largement financé par le gouvernement de l'ultraconservateur Premier ministre hongrois Viktor Orbán, avec lequel Tegnér et la droite souverainiste française sont partisans d'un dialogue soutenu.

Pour faire monter l'attention autour de l'entretien avec Zemmour – il ne m'en voudra pas de le révéler –, Erik a créé, avec la complicité active de l'éditorialiste et de ses proches, un dispositif participatif totalement bidon. Il a d'abord lancé un sondage pour demander aux abonnés de Livre Noir s'ils avaient envie que le média invite Éric Zemmour ; puis, ayant reçu le feu vert de ses fidèles, Erik a invité publiquement le polémiste à l'émission… alors que tout était déjà convenu de longue date entre eux. Invitation qui prendra la forme d'un tweet plutôt grandiloquent, façon bouteille à la mer :

« Cher @ZemmourEric, nous sommes un nouveau média, et nous souhaitons redonner sa noblesse à l'art de la conversation à travers un format de portrait, libre, long, et non piégé sur YouTube. Accepteriez-vous notre invitation pour un entretien ? Notre communauté vous réclame ! 😇 »

1. Entretien avec l'auteur le 21 juillet 2021.

Et Éric Zemmour de répondre, quelques heures plus tard : « Cher @Livrenoirmedia, excellente idée. C'est avec plaisir que je viendrai ! »

Plusieurs mois après, Erik s'en amuse encore : « Personne ne nous a cramés. Pourtant, c'était gros comme une maison, mais c'est passé crème... » Le plus gros étant que l'entretien a généré un nombre de reprises que, même dans ses rêves les plus fous, Erik n'aurait pas osé imaginer...

L'entretien d'Éric Zemmour est couvert, en *live*, par l'un des centres névralgiques de l'information continue : l'antenne de BFMTV. Juste après le court flash de 19 heures, et alors que la diffusion de l'interview est toujours en cours, le présentateur Jean-Baptiste Boursier en fait l'un des sujets de débat de sa tranche. La journaliste politique Anne Saurat-Dubois est en plateau pour rendre compte de l'entretien.

Elle se lance dans une analyse du dispositif imaginé par Erik Tegnér : « On vous dit quand même que cette interview était très particulière dans sa forme. Dès le début, on a une espèce de décompte, qui est à une minute trente, qui égrène les secondes, avec une mire, tout ça est très théâtralisé quand même... »

L'Agence France-Presse (AFP) relaie également l'interview à tous ses abonnés à 19 h 25, pile à la fin de la diffusion. Erik jubile. Il se moque des approximations de la journaliste de BFM en direct sur le fil Telegram qu'il anime, suivi à l'époque par un peu moins d'un millier d'abonnés. « On s'est foutus de sa gueule. Elle dit : "Vous savez, ça a été très scénarisé. Au début, il y avait un décompteur, etc." Euh, meuf, c'est l'outil YouTube, quand tu fais une Première, c'est un décompteur. En plus, elle était incapable de comprendre que ce n'était pas un direct... »

Il ne boude pas son plaisir : pendant ces premières heures, tout se passe exactement comme il l'avait espéré – et même encore mieux. L'entretien est largement relayé et les demandes d'utilisation de l'extrait dans lequel Zemmour esquisse un pas vers la course présidentielle, venant de médias tout ce qu'il y a de plus établis, pleuvent dans les messages privés du compte Livre Noir sur Twitter. Tegnér peut savourer son moment de gloire : « On a été repris partout, dans "C dans l'air" sur la 5, sur France Culture. Sur LCI, c'était dingo. Éric Brunet était génial. Éric Brunet qui fait : "Vous ne connaissez peut-être pas ce nouveau média sur YouTube qui s'appelle Livre Noir, etc." Même encore maintenant, quand ils reparlent de Zemmour, ils remettent nos images. Donc on est assez contents. C'est ce qu'on veut faire : on cherche la reprise par un maximum de médias. On veut être un média de masse, pas un média de niche ! »

*

* *

Ma première rencontre avec ce média d'un nouveau genre remonte au dimanche 18 avril, dans la soirée, et je la dois à Nadine Morano. Plus précisément à son « retweet » d'un post de Livre Noir, un entretien vidéo avec le député Les Républicains Olivier Marleix. Un extrait, soigneusement sous-titré, d'un long échange dont j'ai immédiatement trouvé la réalisation tout à la fois professionnelle et profondément inscrite dans les codes YouTube. Ma première rencontre avec le média d'un nouveau genre. J'analyse en détail la chaîne qui compte alors une dizaine de milliers d'abonnés pour seulement quatorze vidéos diffusées. Je sursaute à la lecture de certains titres et de certains invités : « Charlotte d'Ornellas : manuel de guérilla culturelle » ; « Contre la *cancel culture*, pour Napoléon : l'Histoire face aux iconoclastes | Thierry Lentz » ; « Immigration : ces réalités qu'on nous cache | Révélations de l'ex-préfet Patrick Stefanini ». Soit, dans l'ordre, une journaliste notamment passée par Boulevard Voltaire ou TV Libertés, un cri du cœur contre la *cancel culture*, et un haut fonctionnaire qui fait des « révélations » au sujet de l'immigration.

Il est évident que je ne suis pas sur une chaîne lambda, mais face à un projet qui souhaite promouvoir les thèmes chers à la droite conservatrice tendance nationaliste. Et je sais immédiatement que cette entreprise coûte un peu d'argent : des entretiens d'une heure trente, à tourner, à dérusher et à monter, à partir des prises de trois caméras, ce n'est pas la même chose que de bricoler dans son salon une vidéo aux accents complotistes façon Serge Petitdemange ou Khadra. Néanmoins, il est pour moi manifeste qu'en avançant *undercover* Livre Noir tente de manipuler l'opinion publique. Notamment en poussant prioritairement les sujets, thématiques et personnalités qui lui tiennent à cœur. « Le vrai sujet, pour nous, c'est l'immigration », me rappellera d'ailleurs régulièrement Erik au fil de nos échanges…

*

* *

Erik Tegnér a beaucoup d'ambition pour Livre Noir. En juillet 2021, quelques semaines après son joli coup avec Éric Zemmour, l'entrepreneur me raconte ses objectifs pour la saison à venir, laquelle s'annonce extrêmement dense en vue de la présidentielle et des législatives.

Il y a d'abord les enjeux financiers : la SARL Livre Noir, dont les statuts ont été déposés le 13 mai 2021, cherche des investisseurs. « La première étape était de gagner notre légitimité, s'enflamme Tegnér. Pari réussi ! En revanche, on n'a pas cherché tout de suite des investisseurs, sinon on se serait fait diluer dans le capital de la société, alors que je veux absolument rester maître à bord, et mes associés aussi. Là, au bout de cinq mois d'existence, tout a changé. On ne veut pas dépendre des dons mais on sait qu'il y en aura. Désormais, on est sur des négos où, si un investisseur met 100 000 euros, il aura 10 % des parts. Oui, mec, on valorise Livre Noir à un million ! On a géré. On ne s'est pas fait bouffer. C'est un truc important pour moi, l'indépendance. La première année, notre premier budget prévoit 350 000 euros de charges annuelles. On cherche 200 mètres carrés de bureaux dans le 15e arrondissement. Pas loin de CNews. Pas loin de BFM et compagnie, ou des différents QG politiques. Un endroit où on puisse recevoir. On a toujours dit qu'il manquait un lieu de vie pour la droite conservatrice. Nous, on veut que, tous les jeudis soir, il y ait un *after work*… Pour que les gens, pendant la campagne présidentielle, ils se disent : “Allez, on va chez Livre Noir, on va prendre une bière.” Et là, ça discute, ils t'apportent des infos, te font rencontrer des gens… C'est tout con, mais je pense que c'est essentiel. »

Éditorialement, ensuite, Erik veut diversifier les formats et les axes, ne pas se contenter des interviews, ne pas se contenter non plus de la diffusion gratuite, puisqu'il ambitionne de créer une offre sur abonnement payante. « On va structurer Livre Noir autour de quatre pôles. On a le pôle entretiens politiques, qui est un pôle bienveillant : les entretiens, pourquoi ne pas les organiser dans un format dîner à la “C à vous” ? On a le pôle politique, on va embaucher un "Hugo Clément de droite", qui va aller tanner des gens, etc., et qui fera des reportages en immersion. On a le pôle documentaires, et, enfin, un pôle "enquête" que je vais superviser directement. »

Encore enivré par son scoop Zemmour, Erik Tegnér voit grand, très grand : « Sur le long terme, tu vas trouver ça délirant, mais je veux qu'on fasse ce que propose Mediapart. En fait, plutôt, un mix Mediapart-Thinkerview-Blast. On prend tout ce qu'il y a de bien. »

Dans cette multitude de projets de développement, il y a un point qui fait briller encore un peu plus les yeux d'Erik : Livre Noir est une société de presse, et Erik entend bien être reconnu comme journaliste professionnel par la commission de la carte de presse. « Je suis salarié maintenant et je vais pouvoir demander ma carte de presse. Donc je pourrai l'avoir pendant la campagne présidentielle. Je trouve ça cool, ça me fait marrer. Je trouve ça important aussi. Poser des questions à un candidat à la présidentielle lors d'une conférence de presse, ben ouais, ça me fait kiffer. Et quand tu te fais rejeter d'un meeting de Mélenchon… tu peux faire comme tout le monde, dire : "On a été rejetés !" Quand j'avais quinze ans, je rêvais d'être journaliste. Et je pensais que c'était trop compliqué de réussir les concours des écoles… Qu'il fallait des contacts, et compagnie. Aujourd'hui, les réseaux sociaux, YouTube, etc., permettent de t'inventer journaliste ! »

« S'inventer » journaliste. Faire de l'*agit-prop* en mettant ses journalistes en scène. Et générer « de la reprise » pour faire parler, encore et toujours. Cette recette que Tegnér me livre au cœur de l'été 2021, l'autodidacte des médias va l'appliquer avec un talent indéniable dès les premiers mois de la campagne présidentielle. C'est comme cela, par exemple, qu'il va surfer sur la situation tendue vécue par l'un de ses journalistes, venu couvrir un spectacle de l'humoriste Yassine Belattar, pour en créer un moment d'intense exposition médiatique de « Livre Noir ».

Les faits ? Vendredi 19 novembre, Jordan Florentin, le fameux « Hugo Clément de droite » dont Tegnér me parlait en juillet, ancien chef adjoint de cabinet du maire du 17e arrondissement de Paris, interroge quelques spectateurs venus assister au numéro de *stand-up* de Belattar, autrefois animateur radio. Après le spectacle, tension entre les deux hommes dans le hall du théâtre, alors que le rideau est partiellement baissé. À partir de là, les versions divergent : Belattar accuse Florentin d'avoir piégé les spectateurs avec des questions ultra-orientées, de s'être fait passer pour un journaliste d'un autre média, et d'avoir filmé des morceaux du spectacle. Florentin, de son côté, accuse Belattar de l'avoir « séquestré ». Dès le lendemain, avec une science de la com et un opportunisme décomplexés, Tegnér transforme Florentin en victime. Une longue vidéo sur YouTube, des *stories* sur Instagram, des messages sur Twitter… Et, deux jours plus tard, consécration (si on peut dire) ! Voilà Jordan Florentin propulsé sur le plateau de TPMP de Cyril Hanouna…

*

*   *

Erik Tegnér n'a, j'en suis convaincu, rien d'un complotiste. À plusieurs reprises, il me demande, passablement inquiet, si je vais le comparer à certains de mes interlocuteurs, dont je lui ai parlé, qui sont, eux, ouvertement propagateurs de *fake news* et de délires en tous genres.

Il sait en revanche parfaitement qu'il utilise, dans ses vidéos, un dispositif dans lequel la sphère hétéroclite des complotistes se reconnaît : « Le fond noir, livre noir, le nom... bien sûr, on utilise les codes qui, effectivement, parlent à ces gens-là, mais il ne faut pas reprendre des théories complotistes sur le fond. »

Et ça marche. Sur Telegram, dans les groupes de complotistes convaincus, qui partagent les entretiens de Livre Noir et s'enflamment sur la naissance d'un nouveau média, j'ai déjà lu des messages dithyrambiques : « Excellent entretien ! 👍👍👍 LE LIVRE NOIR. Très bonne chaîne YouTube. Ils vont créer ou ont déjà créé leur propre site Internet... Impeccable ! » s'enflamme par exemple « VVF0 VFTous Patricia », le 15 juin, dans le groupe « Silvano Trotta Official Chat », à la suite d'une nouvelle publication de Livre Noir. Elle qui, sur sa photo de profil, affiche une photo de Donald Trump prise en 1982 par le *New York Times*, en haut de la Trump Tower en construction, drapeau américain en main...

Erik, qui m'avoue que son intervieweur maison est anti-pass sanitaire (« C'est son opinion et ça n'engage que lui... »), a tout de même délibérément choisi de produire et diffuser deux entretiens avec des complotistes comme Fabrice Di Vizio ou Florian Philippot. Et comme ces interviews sont fidèles à la ligne de Livre Noir, c'est-à-dire « bienveillantes », les vidéos qui en ressortent ont des airs de tribunes, qui peuvent facilement servir d'appât à complotistes...

Tegnér s'en défend : « On a invité Di Vizio parce qu'il est intéressant. En revanche, on n'a pas invité le professeur Perronne et compagnie, c'était hors de question. Il faut quand même qu'on invite des gens qui puissent raconter cette mobilisation, c'est un moment important de la société française. Di Vizio, ce n'est pas un anti-vaccin de base quand même. Et l'inviter, ça ne veut pas dire qu'on soutient… »

Quant au second, il théorise : « Philippot est un génie. Tu regardes ses vidéos ? Moi je les regarde pour me marrer… mais il est bon. Je pense que Philippot, il y croit vraiment. Tous ceux qui sont passés à côté des Gilets jaunes ont peur de passer à côté d'un nouveau mouvement social, et il a fini par se persuader que tout est vrai chez les antivax. »

Erik Tegnér a une dernière raison de ne pas virer complotiste. Une raison assez cynique et surtout très politique : « En tant que producteur, je vois une belle opportunité dans ce développement du mouvement anti-vaccin, anti-pass sanitaire : au fil de cette crise, tous nos concurrents se crament et perdent toute crédibilité ! Dès le début, dans l'équipe, on n'était pas du tout raccord avec ce que pouvait faire par exemple TV Libertés. Parce que, si tu es un média complotiste, même si tu parles du vrai sujet, qui est pour nous l'immigration, on va te réduire à ça et tu n'auras aucune crédibilité sur les vrais sujets. C'est une façon de délégitimer toi-même tout ce que tu pourras dire après. Et ça, c'est une catastrophe ! »

*

* *

L'émergence de Livre Noir et d'Erik m'interpelle. Ma conception du journalisme est tout sauf figée. Je pense sincèrement que l'on peut en faire à certains moments de sa vie, puis en partir, pour mieux y revenir. Je suis tout à fait disposé également à imaginer que des professionnels d'un secteur donné puissent devenir d'excellents « rubricards » dans leur discipline.

Toutefois, il me reste une drôle d'impression. À plusieurs reprises dans nos échanges, je relance Erik : je veux comprendre s'il se voit sincèrement devenir journaliste et diriger un authentique média. Comprendre s'il peut y avoir une vie pour Livre Noir au-delà de la prochaine campagne présidentielle. Vérifier s'il ira au bout de sa démarche, ou s'il se précipitera pour rejoindre la première écurie présidentielle qui lui entrouvrira sa porte.

En première intention, sa réponse est, comme toujours, assez *cash* : « Franchement, si j'avais voulu, très tôt dans la campagne, j'aurais pu devenir le porte-parole de Zemmour. Il a quand même fait une tribune dans le *Fig Mag* pour me défendre lorsque j'ai été viré des Républicains. Mais la politique, j'en ai trop bavé. Je n'en referai pas. Après, les politiques, on peut les servir et s'en servir… »

Soucieux de me convaincre, il en dit beaucoup, au risque de prendre quelques retours violents :

« Sincèrement, si Zemmour y va[1] c'est la seule personne pour laquelle je peux voter. Mais, s'il n'y va pas… je voterai Macron ! Je l'aime bien, hein, Macron. Pour l'instant, il ne peut pas faire ce qu'il veut, il a été élu par une majorité de gauchos. Le jour où il s'allie avec LR pour un deuxième mandat, il répondra au discours sécuritaire… Et, nous, notre discours identitaire, il sera inaudible ! Donc ça va être très compliqué dans les cinq ans à venir pour ma famille… »

C'est tout ? Erik en a-t-il vraiment terminé avec la politique ? Au moment où il finit sa pinte de bière, il

1. Lors de cet entretien, en juillet 2021, l'hypothèse d'une candidature d'Éric Zemmour à l'élection présidentielle n'était pas encore confirmée.

oublie toute prudence, n'hésite pas à se contredire et me confesse ce qu'il ne dirait jamais aux abonnés de Livre Noir : « En revanche, si tu me parles de 2027, c'est autre chose. Je suis d'abord un "marionniste" [*NdA* : partisan de Marion Maréchal-Le Pen], et je pense que c'est en 2027 que se présentera notre chance politique. Moi, je suis bien sûr fait pour, un moment donné, descendre dans l'arène. En 2027, on aura une chance énorme, parce que, évidemment, on sortira d'un second quinquennat de Macron. Et que Macron sera comme Jean-Claude Gaudin à Marseille, en mode : "Après moi, le déluge." Donc ce sera *le* bon moment. »

Voilà qui est plus clair et nous informe sans aucun doute désormais sur ce qui se trame en réalité dans l'esprit fougueux du jeune patron de Livre Noir. Pas plus que tant d'autres, il ne renoncera à l'ivresse des joutes politiques…

13

Russia Today France, Sud Radio. Ces médias qui flirtent dangereusement avec la dark info

La nouvelle étape de notre voyage sur la planète #FakeNews se déroule loin de Telegram et de ses canaux douteux, loin d'Odysee, loin, même, de YouTube ou de Facebook. Elle nous emmène en plein cœur de l'écosystème des médias traditionnels – comprendre : ceux qui salarient des journalistes avec carte de presse, et dont la diffusion sur les ondes est encadrée par des conventions signées avec le régulateur des médias audiovisuels en France, le Conseil supérieur de l'audiovisuel (CSA).

Ce mardi 12 octobre 2021, le petit monde de la presse française s'est donné rendez-vous au festival Médias en Seine, un événement de prospective et d'échanges sur l'avenir de l'information organisé depuis 2018 par deux des plus grands groupes français : Radio France et *Les Échos-Le Parisien*. Les échanges ont lieu au sein de deux écrins : la Maison de la Radio, d'un côté de la Seine, et, sur l'autre rive, l'immeuble flambant neuf qui abrite le siège de la branche médias du groupe LVMH[1], à l'entrée du boulevard de Grenelle.

---

1. Le groupe LVMH (Louis Vuitton Moët Hennessy) est, au moment de boucler cet ouvrage, propriétaire notamment des quotidiens *Le Parisien-Aujourd'hui en France* et *Les Échos*.

C'est un festival que je connais très bien. En tant que directeur de l'information numérique de Franceinfo, j'ai conçu et animé son édition de préfiguration, intitulée « Newstorm : qui fait l'info ? », en décembre 2016, dans l'immense studio 104 de la Maison de la Radio. J'y interviens tous les ans, ou presque, avec le même plaisir : le festival parvient assez bien à éviter l'entre-soi qui caractérise habituellement ce genre d'événements, notamment grâce à des échanges en prise directe avec le public.

Et c'est précisément une prise de parole, disons, inattendue, qui va bousculer le débat dans lequel j'interviens cette année-là avec ma casquette de directeur éditorial de l'INA. Et me montrer à quel point la dark info est désormais parvenue à se glisser dans les lieux les plus conventionnels de l'information…

Alors que nous échangeons depuis une trentaine de minutes avec plusieurs confrères, qui travaillent principalement pour des médias audiovisuels publics – Radio France, France Télévisions –, autour de la question : « Peut-on encore gagner la guerre contre les *fake news* ? », une main se lève dans la salle pour demander le micro. Je ne reconnais pas l'homme, mais, en jean et chemise, il a la dégaine parfaite d'un journaliste de télé. Ses premiers mots montrent qu'il en a également l'aisance orale. Notre questionneur se révèle être le rédacteur en chef de la chaîne RT, anciennement Russia Today en France[1], Jérôme Bonnet. Qui, sous couvert de journalisme, intervient dans le débat en suivant à la lettre les préceptes de la propagande prorusse. Une

1. Créée en décembre 2005 par l'agence russe RIA Novosti, RT est à l'origine une chaîne anglophone internationale, unanimement considérée comme un média d'influence du Kremlin. En décembre 2017, Moscou crée la version francophone RT France.

forme de trolling d'État décontractée, d'instillation du doute totalement décomplexée, parée de tous les atours de l'information traditionnelle et respectable.

Jugez plutôt. Après s'être présenté, il déroule en moins d'une minute, montre en main, son questionnement : « Le phénomène de *fake news* sur les réseaux sociaux repose sur le déficit de confiance envers les médias. Je me demande sur quoi se base ce déficit de confiance. Peut-être parce que, parfois, il n'y a pas suffisamment de distance par rapport à la parole publique ? C'est-à-dire que les pourvoyeurs de *fake news*, depuis des temps immémoriaux, ce sont aussi les hommes politiques ! Lorsque, par exemple, M. Castaner dit que des Gilets jaunes ont attaqué un hôpital, c'est relayé très vite[1]. Est-ce que ça, ce n'est pas, effectivement, favoriser le développement des *fake news* ? Est-ce qu'il ne faut pas plus de distance vis-à-vis du pouvoir ? »

Anodine, cette intervention ? Loin de là. C'est une technique de manipulation du débat public chère à Russia Today. La chaîne, directement financée par le gouvernement russe, et qui emploie aujourd'hui près de 3 000 personnes à travers le monde, a en effet pour devise : *Question more*. Ce qui donne, en français : « Osez questionner. » En espagnol : « Sachez-en

1. Jérôme Bonnet fait référence aux événements du 1er mai 2019 à Paris, et à la dispersion très tendue de la traditionnelle manifestation syndicale, à laquelle s'étaient joints tout à la fois des Gilets jaunes et des black blocs. Christophe Castaner, alors ministre de l'Intérieur, avait dénoncé le soir même l'intrusion, quelques heures plus tôt, de manifestants dans l'enceinte de l'hôpital de la Pitié-Salpêtrière, évoquant une « attaque ». Problème : cet événement n'est pas avéré. Des manifestants auraient tenté de pénétrer dans l'hôpital, mais pour se protéger des grenades lacrymogènes. « Nous avons parlé de "tentative d'intrusion", ce qui est exact. À la question qui m'a été posée sur le fait de savoir s'il y avait eu des dégradations, j'ai toujours répondu que non », avait corrigé le patron de l'Assistance publique-Hôpitaux de Paris (AP-HP), Martin Hirsch, le lendemain.

davantage. » En allemand : « Apprenez-en plus. » Et, en arabe : « Demandez plus. »

« Chez Russia Today, l'argument anti-*mainstream* est un *leitmotiv*, systématiquement convoqué pour justifier le positionnement éditorial de la chaîne », analyse le chercheur Maxime Audinet, dans un ouvrage de référence publié en octobre 2021[1]. « Notre but, c'est d'offrir un point de vue qui n'est pas forcément bien représenté sur le marché. On va offrir un contenu que les gens ne peuvent pas trouver dans les médias bien établis, anciens, mais peut-être un peu trop anciens, un peu trop stricts dans la ligne éditoriale », revendiquait ainsi Tatiana Koukhareva, l'une des journalistes russes qui ont contribué à lancer Russia Today en France, interviewée par Maxime Audinet en 2016. « On veut mettre en question les médias *mainstream*, c'est très important pour Russia Today. On surfe sur le clivage entre [d'un côté] l'*establishment*, les médias *mainstream*, et [de l'autre] les mécontents, la majorité silencieuse », complétait Arseni Barski, rédacteur en chef russe du site français de Russia Today, interviewé par le politologue en mars 2016.

Question more, c'est exactement ce que fait le rédacteur en chef de RT dans son intervention : poser des questions qui distillent une petite musique. Qui sèment le doute. Les journalistes sont trop proches des politiques et ont perdu toute distance critique à leur endroit : voilà le refrain qu'il fredonne... Le tout avec le sourire. Au grand jour. Sous couvert de simples « questions » et d'autocritique. Et avec une carte de presse dans la poche. Tout en signant ses messages « confraternelle-

1. Maxime Audinet, *Russia Today. Un média d'influence au service de l'État russe*, Éditions INA, 2021.

ment », Jérôme Bonnet a refusé toutes mes propositions d'entretien : « Les demandes d'entretien de journalistes s'exprimant au nom de RT France doivent en théorie passer par notre service de presse, c'est ainsi que nous opérons. Mais plutôt que de vous renvoyer vers eux, je vais directement faire part à son responsable de votre demande. Je reviens vers vous dès que possible ! » m'a-t-il écrit mi-octobre.

Évidemment, et malgré mes relances, je n'ai plus jamais eu de nouvelles.

*
* *

Les choses deviennent franchement compliquées à suivre quand on sait que les membres de la rédaction de Russia Today, chaîne qui dispose d'une convention avec le Conseil supérieur de l'audiovisuel, sont reconnus comme journalistes professionnels. Mieux, en octobre 2021, un journaliste de Russia Today France était même candidat aux dernières élections interprofessionnelles, sur la liste du syndicat « Force ouvrière », afin de siéger (en tant que suppléant) au sein de la commission de la carte de presse – selon une stratégie très classique de noyautage, donnant lieu à une situation pour le moins surprenante…

Ce qui démontre de manière éclatante les liens entre le projet politique de Russia Today et la sphère de la dark info, c'est la façon dont la chaîne a embauché ses premières recrues françaises en 2014. Et notamment Jonathan Moadab, âgé à l'époque de vingt-six ans. À en croire sa page Facebook publique, ce dernier aurait entamé sa vie professionnelle cette année-là chez RT.

En réalité, avant son arrivée dans les équipes chargées de faire vivre le site Internet de RT France, puis de rejoindre son antenne télé francophone, Jonathan Moadab avait créé deux pages Web qu'il présentait comme des médias : « Le Cercle des Volontaires », en décembre 2011, puis « L'Agence Info Libre », au début de l'année 2014. Sur ces sites, Moadab tient des propos aux accents conspirationnistes. Il faut le voir, par exemple, répondre en juillet 2012, dans une vidéo en trois parties d'une durée totale de plus d'une heure et demie, aux questions de l'animateur du site Enquête & Débat, une chaîne vidéo alors très proche de l'essayiste d'extrême droite Alain Soral[1].

Chemise à carreaux de hipster, manches retroussées, voix posée, Jonathan Moadab, qui se présente comme issu d'une famille iranienne débarquée en France dans les années 1970, détaille ce qui l'a conduit à lancer Le Cercle des Volontaires : « On veut surtout faire émerger des voix qu'on n'entend pas dans les médias. L'information des grands médias se cache derrière une fausse objectivité, ce qui lui permet de [...] cacher certains faits ou certains événements qui seraient importants. Pour moi, toutes les vérités sont bonnes à dire. » Il raconte aussi sa galère profonde pour entrer sur le marché du travail : « Moi, j'ai bac + 5, j'aurais aimé pouvoir trouver une place dans les médias... » Mais qu'à cela ne tienne, il a son explication. Si la voie du journalisme lui est bouchée, c'est en raison de ses convictions : « Malheureusement, quand on cherche la vérité [...], c'est assez compliqué de se faire ensuite une place dans les médias ! »

1. Vidéo accessible à l'adresse suivante : https://www.dailymotion.com/video/xsoea7

Un peu plus loin, Moadab dévoile ce qu'il entend par « chercher la vérité ». Il raconte ainsi à quel point il doute de la « version officielle » du 11-Septembre, et s'agace de la manière dont ce pan de notre histoire contemporaine est enseigné en France : « J'ouvre le manuel scolaire de mon petit frère à la page 11-Septembre, je vois les questions, euh... enfin... c'est... ils reprennent la version officielle, qui a été édictée par le gouvernement américain. Les enfants ont cette version dans les livres d'histoire ! En venir à faire de la propagande politique à l'intérieur des livres d'histoire, c'est de l'endoctrinement[1]... »

Sur L'Agence Info Libre, le nom de Moadab est présent dans des campagnes remettant en doute la véracité d'assassinats commis par l'État islamique. L'équipe de Russia Today était forcément au courant lorsqu'elle l'a embauché au sein de sa rédaction parisienne. « La ligne éditoriale du site Le Cercle des Volontaires a semble-t-il séduit la rédaction francophone de RT », commente ainsi le chercheur Maxime Audinet[2]. Douter des attentats du 11-Septembre est un droit bien instauré dans la chaîne. À propos des militants du « 9/11 Truth Movement », des activistes qui contestent la « version officielle » des attentats, Margarita Simonian, la grande patronne de Russia Today, théorisait : « Personnellement, je ne les crois pas. Mais s'il y a des personnes qui pensent de cette manière mais n'ont pas accès aux médias dominants, alors je crois qu'ils méritent d'être entendus[3]. »

---

1. Interview de Jonathan Moadab par Enquête & Débat, juillet 2012, accessible à l'adresse suivante : https://www.dailymotion.com/video/xsophq

2. Maxime Audinet, *op. cit.*

3. Nicolaus von Twickel, « Russia Today courts viewers with controversy », in *Russia Beyond*, 23 mars 2010, https://www.rbth.com/articles/2010/03/23/230310_rt.html

*
* *

Russia Today n'est pas le seul organe de presse ayant pignon sur rue à verser régulièrement dans la dark info. Sud Radio, comme RT France, est sous convention avec le CSA. Pourtant, la station a confié à André Bercoff, homme de médias et de réseaux présent en politique depuis près de cinquante ans, une tranche quotidienne de deux heures intitulée : « Bercoff dans tous ses états ». En 1983, ce dernier publiait, sous le pseudonyme de « Caton », un livre de commande de Jacques Attali, *De la reconquête*, auquel un jeune conseiller de l'Élysée nommé François Hollande contribuait en sous-main[1].

Quarante ans plus tard, lorsque j'écoute l'émission, j'ai l'impression de m'être échoué dans l'un de ces groupes aux résonances complotistes qui prospèrent sur Telegram… Le jeudi 21 octobre 2021, par exemple, Bercoff reçoit le docteur Louis Fouché, la star des antivax, créateur d'un collectif appelé « Réinfo Covid », dont j'ai vu les membres à l'œuvre dans les rues de Nancy et de Paris en juillet 2021[2]. Fouché, médecin en disponibilité des hôpitaux de Marseille, vient alors de publier le livre *Tous résistants dans l'âme. Éclairons le monde de demain*[3] *!* Il n'est reçu par aucun autre média dans le cadre du lancement de son ouvrage. Bercoff va lui consacrer une heure entière de son émission.

Ravi de cette aubaine, Fouché fait d'abord le *pitch* de son livre : « L'homme moderne, obsolescent, serait une sorte de bétail, qui aurait besoin de réinjections régu-

1. Caton, *De la reconquête*, Hachette, « Pluriel », 1983.
2. Voir chapitre 3 : « La dark info, combien de divisions aujourd'hui ? »
3. Louis Fouché, *Tous résistants dans l'âme. Éclairons le monde de demain !*, Trédaniel, 2021.

lièrement pour pouvoir survivre dans ce monde hostile dans lequel il vit », déclame-t-il, restant mystérieux sur ces « réinjections », mais sans être le moins du monde relancé par Bercoff.

S'ensuit une heure d'une interview pour le moins complaisante. L'une des premières questions de l'animateur offre à l'invité un véritable boulevard : « Vous êtes l'un des porte-parole de Réinfo Covid, un collectif de médecins, scientifiques, de chercheurs, d'artistes, de citoyens. Je voudrais, Louis Fouché, que vous nous parliez de Réinfo Covid. Qu'est-ce que c'est, exactement ? » Pas un mot de mise en garde adressé aux auditeurs sur les thèses contestées de Réinfo Covid. Pas un mot sur l'enquête publiée cinq jours plus tôt par le quotidien *Le Monde* qui montre, entre autres éléments alarmants, la détresse psychologique de certains des adhérents de l'association, dont un couple sur le point de tout plaquer pour rejoindre Louis Fouché dans une ferme de l'Aveyron[1]. S'extasiant devant les (non-)règles structurant les échanges de Réinfo Covid, Bercoff minaude encore : « [Votre mode de fonctionnement] est un appel à la responsabilité, quelque part. On ne peut pas dire n'importe quoi ! »

Et quand son invité déclame que « la peur [du virus] est un levier d'argent qui est très sympa à "driver" pour les multinationales et pour les dirigeants », Bercoff approuve totalement : « Et puis on montrait les chiffres à la télé tous les soirs ! »

Fouché se sent alors libre de minimiser l'impact de la crise sanitaire, une « pseudo-réalité », selon lui : « Il

1. William Audureau, « Les inquiétants symptômes de RéinfoCovid », in *Le Monde*, 16 octobre 2021, https://www.lemonde.fr/m-le-mag/article/2021/10/16/les-inquietants-symptomes-de-reinfocovid_6098604_4500055.html

n'y avait pas de chars remplis de morts avec une crécelle qui roulaient en centre-ville… On a substitué à la réalité une pseudo-réalité, un pseudo-langage, qui est basé sur la peur et le terrorisme. » Face à un tel galimatias, Bercoff ne dit pas un mot.

Mais le plus surréaliste arrive en fin d'émission, avec le coup de fil d'un auditeur, Jean-Louis, qui raconte avoir créé un site Internet, lesessentiels.org, où il documente les actes de courage, à ses yeux, des soignants qui refusent de se faire vacciner. Fouché, plus gourou que jamais, s'enthousiasme : « On se rend compte, au sein de la résistance, que l'ambiance est très bonne. Les gens s'entendent bien. Les gens sont de vrais gentils. De l'autre côté, vous écoutez les aboiements des chiens de garde des médias, le niveau de colère, de violence, qui rappelle le *1984* de George [*NdA* : Orwell], eh bien ça fait du bien de retomber avec des gens qui ont envie que ça se passe bien, qu'entre frères et sœurs humains, on arrive à se réconcilier… »

Sans doute égaré par tant de bons sentiments, Bercoff termine cet échange de manière totalement déplacée : « Je dirais à Jean-Louis simplement, peut-être que vous pouvez aussi, je ne sais pas, rejoindre Réinfo Covid, et voir avec eux s'il y a… », conseille Bercoff. Un animateur d'une grande radio nationale qui incite ses auditeurs à rejoindre un groupuscule contestataire et clairement complotiste : la scène peut sembler incroyable, mais elle se déroule bien en octobre 2021, et n'a déclenché aucune réaction ni aucune remontrance. Rien. Et ce n'est qu'un exemple parmi bien d'autres.

*

*   *

Philippe Vives est le grand patron de Sud Radio. Directeur exécutif de Fiducial Média, propriétaire de la station, il est également le patron de plusieurs médias lyonnais appartenant au même groupe – Lyon Capitale, Lyon TV... Il est aussi, pour toutes les questions qui touchent aux médias, l'homme de confiance du PDG du groupe Fiducial, Christian Latouche, l'une des cent plus grandes fortunes françaises, un chef d'entreprise ultra-puissant et ultra-discret.

Lorsque j'échange avec lui, les sorties de Bercoff ne semblent pas du tout déranger Philippe Vives : « Notre ligne éditoriale, c'est le parler vrai. Nous donnons la parole à tout le monde, et nous écoutons tout le monde[1]. »

De manière plus amusante, Vives m'explique aujourd'hui rencontrer plus de problèmes avec les GAFA[2], notamment avec YouTube, qu'avec le CSA. « Nous avons un CSA qui est actuellement assez libéral. C'est assez pro. Ils nous alertent intelligemment, nous demandent d'être prudents avec certaines théories, c'est leur rôle. Avant, nous avions des CSA plus interventionnistes, qui nous disaient : "Voilà comment il faut traiter de tel ou tel sujet" », se rengorge-t-il.

En revanche, l'intervention de YouTube, qui, au tout début du mois de juin 2021, a adressé un avertissement en bonne et due forme à Sud Radio, et qui a conduit le média à être privé d'accès à sa plateforme pendant sept jours, ne passe pas : « Ça fait dix ans que je dis : arrêtons de travailler pour Twitter, pour Facebook, pour YouTube, et tout le monde me regarde avec des gros yeux ! On est face à des robots qui font de la modération.

1. Entretien avec l'auteur le 25 juin 2021.
2. GAFA est l'acronyme qui désigne les géants de l'économie numérique, dont Google, Apple, Facebook et Amazon.

Nous sommes une radio conventionnée par le CSA, c'est un problème que nous puissions être privés d'accès à YouTube ! » s'exclame-t-il.

Au-delà de la figure de Bercoff et de ses loopings idéologiques, la porosité entre Sud Radio et la dark info s'intensifie encore avec la transformation du média en producteur de séquences destinées davantage à créer la controverse sur YouTube qu'à alimenter une antenne *broadcast*... et mettant pour cela à l'honneur des invités tout droit débarqués de la fachosphère[1].

L'émission d'Éric Morillot « Les Incorrectibles », diffusée le dimanche entre 18 et 19 heures, a par exemple reçu, depuis le début de l'année 2021, Thaïs d'Escufon, ancienne porte-parole du groupuscule Génération identitaire (dissous lors du Conseil des ministres du 3 mars 2021 pour « incitation à la haine et la violence »), mais, surtout, Baptiste Marchais et « Le Raptor », deux stars de la fachosphère version YouTube.

Carton total et absolu pour Sud Radio, avec plus de 600 000 vues, un score tout à fait exceptionnel pour la station[2]. Philippe Vives se défend de chercher à produire des séquences uniquement destinées à alimenter le YouTube dark info, mais reconnaît sans problème l'intérêt pour Sud Radio d'inviter ce type de profils : « C'est sûr que ce n'est pas avec une interview de Gabriel Attal [*NdA* : le porte-parole du gouvernement] que l'on fait 500 000 vues. Les politiques sont partout, et ont donc une valeur moins élevée. Marchais ou Le Raptor, ils ont des communautés très importantes... »

1. Dominique Albertini et David Doucet, *La Fachosphère. Comment l'extrême droite remporte la bataille du Net*, Flammarion, 2016.

2. Quelques jours avant son passage en « privé », courant octobre 2021, la vidéo de l'émission, intitulée « Le Raptor / Baptiste Marchais : YouTubeurs, les nouveaux patriotes ? » comptabilisait 680 000 vues.

Sud Radio et Russia Today n'ont pas le monopole du flirt avec les icônes de la dark info, loin de là. Cette tentation des médias les plus classiques à surfer sur les audiences des stars de YouTube se retrouve par exemple chez *Valeurs actuelles*, magazine star de la « droite hors les murs », qui multiplie, sur son « *pure player* interne », baptisé « VA+ », les interviews des YouTubers stars de la jungle complotiste les plus incontrôlables.

Au petit jeu du « Recherche audience désespérément », il est à craindre que les dégâts pour notre démocratie, à terme, soient encore plus considérables qu'imaginé…

14

La planète *people* en ébullition

« Je n'ai aucune illusion sur les grandes firmes pharmaceutiques. Écoutez le morceau “C'est clair, je suis sombre” de 1997, où on parlait déjà de vaccins, et vous connaîtrez notre avis ! C'est pas que les vaccins ne sont pas efficaces, c'est la manière dont ils sont vendus qui est douteuse[1]. »

Lorsqu'il répond à mes questions, ce soir d'octobre 2021, à la sortie d'une séance de sport, Akhenaton, le leader d'IAM, l'une des plus grandes plumes du rap français, est très remonté. Et l'industrie pharmaceutique prend cher.

Que racontait-il dans le fameux titre recommandé, qui figure sur la version « bonus » de l'album culte *L'École du micro d'argent*[2] ? « Les débats volent très bas / Ces scientifiques voient tout droit, pour eux la fantaisie n'existe pas / Ils sont obtus, obscurantistes / Ils ont désormais les défauts qu'avait l'Église jadis / Je déteste ce rationalisme inquisiteur / Le niveau d'études fait-il un être supérieur ? »

1. Entretien avec l'auteur le 27 octobre 2021.

2. Sorti le 18 mars 1997, *L'École du micro d'argent* du groupe IAM est, avec 1,6 million d'exemplaires écoulés, l'album le plus vendu de l'histoire du rap français.

Mais aussi : « Je suis sceptique quand on me parle de sida / Ce serait un produit de laboratoire que ça ne m'étonnerait pas / On appelle ça régulation, moyen d'élimination, de la surpopulation. »

Au bout du fil, Akhenaton, qui refuse de se faire vacciner et milite contre le pass sanitaire depuis de longs mois, adapte volontiers son titre de 1997 à la crise du Covid-19. Au bout de quelques minutes d'échange, le voilà qui cingle : « Pfizer, ils cumulent 4 milliards de condamnations au pénal, et vous savez que, lorsque vous êtes condamné au pénal, vous êtes un cri-mi-nel ! »

Mais Akhenaton est tout autant en colère contre les journalistes. À propos de la chronique de son hospitalisation au cours de l'été 2021 après un Covid sévère, qui a été en partie dramatisée, plusieurs médias annonçant que le chanteur était « en réanimation », alors qu'il était simplement passé par le service de réanimation de l'hôpital de la Timone sans y être intubé[1], Akhenaton s'agace : « J'ai servi de mannequin d'espace pub ! Aujourd'hui, c'est la régie pub qui fait les nouvelles. Les médias d'information en continu cherchent la nouvelle, le buzz, et fabriquent même des sujets d'actualité, qui sont là pour, malheureusement, vendre de l'espace publicitaire. »

Pis, selon Akhenaton : « Pendant mon hospitalisation, j'ai entendu : "Oui, ben, il aurait dû se vacciner, bla-bla." C'est du parti pris ! Les médias prennent parti, maintenant, c'est ça qui est particulièrement gênant. Ils cherchent à imiter les réseaux sociaux. Sauf que, à mes

---

1. Voir notamment l'article « Akhenaton sorti de l'hôpital, les précisions de BFM Marseille Provence », *BFM Marseille Provence*, 5 août 2021, https://www.bfmtv.com/marseille/akhenaton-sorti-de-l-hopital-les-precisions-de-bfm-marseille-provence_AN-202108050187.html

yeux, les réseaux sociaux, créés pour être sociaux, sont en réalité asociaux. C'est comme ça que les médias deviennent asociaux ! »

Mais attention, Akhenaton le jure : il n'a rien d'un complotiste. « Le complotisme, c'est très large, on peut tout fourrer dedans. Une fois qu'on dit "complotiste", ça y est, c'est fini, il n'y a plus de débat possible. Et puis, d'abord… le plus grand des complots, ça s'appelle le *business* ! » s'agace-t-il.

Pourtant, à plusieurs reprises lors de notre entretien, le leader d'IAM tient des propos extrêmes et absolument définitifs ne reposant sur aucune information crédible. Par exemple, il se lance dans une théorie concernant les traitements dont bénéficieraient, selon lui, les parlementaires français. « Franchement, faut rebrancher le cerveau. Quand on nous dit qu'il n'y a rien entre le vaccin et le Doliprane, ça ne colle pas. Regardez : la majorité des morts, c'est en Ehpad. Et pourtant, au Sénat, où l'âge est élevé, les morts, c'est zéro ! Au bout d'un moment, les gens, ils vont s'apercevoir que ces élus, là, ils se font traiter ! Ils reçoivent des traitements, quand ils imposent d'autres moyens de traiter l'épidémie à la population. Ils sont traités avec des molécules… »

Derrière mon téléphone, j'ai un peu du mal à croire ce que j'entends. Il n'empêche : à l'exception de ces quelques sorties, le discours du rappeur est construit. Politique. Il ressemble d'ailleurs à bien des revendications entendues au cours des manifs de l'été 2021, chez les anti-vaccins les plus à gauche…

*

*   *

Autre *people* qui s'est largement exposée et engagée ? Juliette Binoche[1]. Sur Instagram, et dès le 6 mai 2020, l'actrice relaie la vidéo d'un médecin généraliste marseillais, Karim Khelfaoui, par ailleurs militant de La France insoumise, qui dénonce plusieurs mesures liées au déconfinement ou à la politique de santé en général.

« FAITES PASSER : NOUS NE SERONS PAS DES MARIONNETTES ÇA SUFFIT ! » s'insurge, en majuscules, Juliette Binoche.

La vidéo de Khelfaoui ne relaie aucune thèse complotiste. L'actrice, le lendemain, dans les commentaires de la publication sur Instagram, va pourtant se lâcher : « Ce sont des opérations organisées par des groupes financiers internationaux (principalement américains), depuis longtemps. Ils manipulent (sans être parano !) : les vaccins qu'ils préparent en font partie. Mettre une puce sous-cutanée pour tous : c'est NON. NON aux opérations de Bill Gates, NON à la 5G[2]. »

Une « puce sous-cutanée » injectée lors de la vaccination anti-Covid : la sortie de la comédienne ne repose évidemment sur aucun élément tangible. Mais pourtant, près de un an plus tard, répondant, de manière exceptionnelle, aux questions de l'hebdomadaire *L'Express*, Binoche assume tout : « J'ai écrit un commentaire, peut-être un peu maladroitement, mais je pense que mes doutes et mes questions étaient légitimes. Des groupes financiers internationaux sont derrière les vaccins, c'est

---

1. Juliette Binoche a notamment reçu le césar de la meilleure actrice en 1994 pour son rôle dans le film *Trois couleurs : Bleu* de Krzysztof Kieślowski et l'oscar du meilleur second rôle féminin pour *Le Patient anglais* d'Anthony Minghella en 1997.

2. Commentaire accessible à l'adresse suivante, consultée le 26 octobre 2021 : https://www.instagram.com/p/B_0pOxQHagj/c/18141585028050338/r/17887432225546694/

un fait, et les enjeux économiques sont très importants [...]. Quant au vaccin, des questions sont légitimes et même nécessaires, car quel recul avons-nous ? Il faut en général dix à douze ans pour mettre un vaccin sur le marché[1]. »

Et Binoche de conclure : « Je pense que nous vivons dans un monde de la pensée unique. Tous ceux et celles qui osent poser des questions sont rangés dans la case "complot", ce qui est une manière de les faire taire. »

Pourquoi Juliette Binoche ou Akhenaton se lancent-ils dans des sorties qui n'ont rien à envier à certaines conversations accessibles sur Telegram ? Les quelques proches qui ont accepté de me parler me l'ont tous dit : l'un comme l'autre sont absolument convaincus de ce qu'ils disent. Il s'agit, pour eux, d'une forme de militantisme.

Ces grandes stars, très connues, restent la partie la plus visible de ce penchant des *people* pour la dark info. Mais d'autres, de moindre renommée, comme Mickaël Vendetta, vont beaucoup plus loin...

*

*   *

La première fois que j'ai écouté les vidéos Instagram de Mickaël Vendetta, c'est simple : je n'en ai pas cru mes oreilles. Après l'avoir aperçu dans la manif parisienne du 17 juillet dernier contre le pass sanitaire, où il s'était glissé au deuxième rang, derrière Florian Philippot, Nicolas Dupont-Aignan et Martine Wonner,

1. Agnès Laurent, « Juliette Binoche : "Tous ceux qui osent parler sont rangés dans la case 'complot'" », in *L'Express*, 11 mars 2021, https://www.lexpress.fr/actualite/societe/juliette-binoche-tous-ceux-qui-osent-parler-sont-ranges-dans-la-case-complot_2146427.html

et à côté du chanteur Francis Lalanne[1], je me suis abonné à son compte Instagram. Impatient de comprendre comment cette star éphémère de la télé-réalité, que l'on avait quittée en 2010 après sa victoire à la troisième saison du jeu de TF1 « La Ferme célébrités »[2], s'était retrouvée bombardée vedette des manifs anti-pass de l'été 2021.

Les premières *stories*, ce format vidéo éphémère propre à Instagram, que j'ai regardées m'ont réellement estomaqué par leur violence. En mars 2021, Vendetta se filme, par exemple, déclamant : « Salut à tous les enc**** du système ! C'est un mot qui vous définit bien… Vous êtes des sacrés m*****, vous voulez tous nous faire vacciner, sans notre consentement [...]. Alors je vous explique : moi et des millions de personnes, votre vaccin, vous allez vous le mettre dans votre c**. Ce qui va se passer, c'est que, dans pas longtemps, on va venir vous chercher. Vous pensez qu'on est cons ? »

Ses saillies sont quotidiennes, et toujours aussi véhémentes. Le 31 juillet, Vendetta, de nouveau en mode *selfie*, se fait encore plus belliqueux : « Je ne me ferai jamais vacciner, et si vous me forcez, si vous le rendez obligatoire, je suis prêt à faire la guerre. OK ? » Dans la même vidéo, l'influenceur prend ensuite des airs de gourou : « Y a des millions de personnes autour de moi qui ne veulent pas se faire vacciner. Vous êtes que des êtres humains, vous n'êtes pas des représentants de Dieu sur cette Terre. Dieu nous a donné le libre arbitre, de

1. Voir chapitre 3 : « La dark info, combien de divisions aujourd'hui ? »

2. Lors de la saison 2010, l'émission consistait à enfermer des *people* plus ou moins connus dans une ferme de la réserve de Zulu Nyala, en Afrique du Sud, et à filmer leur vie quotidienne.

choisir ce qui est bon pour nous ou pas. Donc ceux qui veulent se faire vacciner, je respecte. Mais laissez les autres en paix ! Laissez les autres choisir leur méthode de soin… »

Et encore, ce n'était qu'un simple « *teaser* », avant une radicalisation toujours plus forte. Un mois jour pour jour après la manifestation du 17 juillet, Vendetta va vivre, à son échelle, un petit drame : après un premier avertissement, Instagram le prive d'accès à son compte. Immédiatement, le vidéaste migre sur une autre plateforme : Telegram[1]. Il y crée une « boucle », où, explique-t-il, il se sent « totalement libre ». Ce que je vais y entendre, et ce que je vais y lire, dépasse tout simplement l'entendement, et tombe, en de multiples occasions, sous le coup de la loi. Je vais comprendre que, lorsque Vendetta parlait de « faire la guerre », il y croyait vraiment.

La première série de « notes vocales » qui tient lieu d'accueil sur sa page, diffusée le 19 août entre 20 h 23 et 21 h 58, donne le ton, mais reste de la pure provocation. D'une petite voix posée, Vendetta accueille les nouveaux venus « chez lui » : « Bonjour les amis, bienvenue sur mon Telegram, sur mon canal. On vient de supprimer mon compte Instagram, djmickaelvendetta, […] nous sommes vraiment censurés à une vitesse accélérée. Du coup, il est urgent pour moi de créer ce Telegram. Ce qui est génial, ici, c'est que l'on peut tout dire. Que Brigitte est une p*******, qu'elle est sortie avec Macron quand elle avait trente-neuf ans et lui quinze ans. Bisou Brigitte, je te fais un *fuck* céleste. »

---

1. Voir chapitre 5 : « Odysee et Telegram, les plateformes adorées des complotistes ».

Le lendemain, Vendetta est pourtant tout chagriné. Éric Zemmour, dont le compte Instagram avait été suspendu en même temps que le sien, a récupéré un accès à la plateforme. Le vidéaste y voit un deux poids, deux mesures inacceptable. Mais il a une explication toute prête, aux relents antisémites. À 21 h 57, le 20 août, il se lance : « Éric Zemmour vient de retrouver son compte Instagram ! Donc apparemment, en France, la liberté d'expression, on a le droit de taper sur la communauté musulmane, mais pas sur les feujs [*NdA* : "juifs" en verlan]. Donc vive la liberté d'expression en France, tant que tu ne touches pas certaines communautés. » Une grosse sortie de route, qui ne sera pas la dernière.

Dans son groupe Telegram, Vendetta ne fait pas qu'enregistrer des notes vocales. Il écrit aussi. Beaucoup. Et c'est tout aussi problématique. Ce même 20 août, l'influenceur partage ainsi avec les 1 500 personnes alors abonnées à son compte l'un de ses plus grands rêves : qu'une « balle perdue » atteigne Emmanuel Macron !

Voilà très exactement ce qu'écrit Vendetta à ses abonnés : « J'ai plein d'amis qui rêvent que Manu se prenne une balle perdue. Je trouve que c'est un beau rêve. Honnêtement, je sors direct le champagne. Ça, c'est mon côté animal et pas divin 😂😂😂😂😂😂 Désolé si je peux choqué [*sic*]. Imagine le lendemain de la disparition de Manu, les pro-vaccins avec une pancarte "Je suis Macron" comme à l'époque de "Je suis Charlie". 😂😂😂😂 »

On pourrait croire à un simple délire passager, noyé sous les smileys, Vendetta assortit d'ailleurs cette publication d'un hashtag « #humour »... Mais trois jours plus tard, le 23 août, Vendetta n'est toujours pas redescendu. Il écrit à ses abonnés, désormais au nombre de 2 000 :

« Est-ce que vous avez déjà souhaité que Manu se fasse buter ? 😂 ou bill gates ? » Il reste bien un smiley, ambigu, mais plus aucun hashtag… Vraiment, ses notes deviennent de plus en plus effrayantes.

D'autant qu'un tout petit peu plus tôt dans l'après-midi, ce même 23 août, Vendetta appelait déjà à des actions violentes contre une autre personnalité. À 17 h 32, voici la note vocale qu'il envoie à ses abonnés : « Je viens de vous partager un lien de Michel Cymes […]. Et honnêtement, je crois que si vous êtes pas éveillés spirituellement, on aurait envie de prendre une arme et de lui tirer dessus tellement ses propos sont graves. Donc voilà, juste avant, buvez un jus, faites un cours de méditation, parce que ce que vous allez écouter, c'est grave, c'est chaud, voilà. »

Être « éveillé spirituellement », en novlangue Vendetta, cela veut dire lire les livres d'Omraam Mikhaël Aïvanhov, fondateur de la Fraternité blanche universelle, une mouvance chrétienne ésotérique, que l'influenceur présente régulièrement comme son maître à penser… et qui flirte avec les dérives sectaires.

Comment expliquer toutes ces menaces directes et inacceptables ? J'ai sollicité Mickaël Vendetta et lui ai proposé un entretien, sans susciter le moindre intérêt de sa part. En revanche, son avocat, maître Pierre-Henri Bovis, un proche « depuis plusieurs années », a accepté un court échange.

L'avocat, qui l'a longtemps épaulé « à titre amical », avant de devenir son conseil à l'été 2021, à la faveur de l'envoi d'une requête à Facebook et Instagram pour contester la suppression du compte, a une explication toute simple qu'il feint de penser imparable : tout cela, promis, juré, craché, c'est de l'humour !

« Mickaël, je le connais depuis très longtemps. Il s'exprime avec beaucoup de second degré, avec beaucoup d'humour. J'ai vu qu'il avait été épinglé par pas mal de journalistes lorsqu'il a dit que ceux qui se faisaient vacciner par obligation, de travail ou autre, devaient prendre une pompe à venin pour s'enlever le truc, etc[1]. Mais évidemment que c'est du second degré ! Évidemment qu'il ne faut pas prendre cela au pied de la lettre. Certains se sont insurgés de ce qu'il a pu dire ; lui le disait avec beaucoup d'humour. C'est aussi sa difficulté. Il exprime une opinion qui va à rebours de l'opinion générale, avec beaucoup d'humour et de second degré. Bon, donc, après, il faut aussi savoir faire la part des choses[2]... »

Répéter trois fois « humour » et « second degré » ne rend pas pour autant les saillies de Vendetta moins répréhensibles aux yeux du code pénal... Maître Bovis relit-il les *stories* Instagram et autres sorties de son client ? Il me répond par l'affirmative : « Quand il est dans le second degré, dans l'humour un peu noir, quand il critique telle ou telle personne, qu'elle soit politique ou faisant partie du milieu médiatique, oui, il a pu me solliciter pour savoir si le second degré allait être perçu, si le second degré lui permettait de se protéger de toute action quelconque... »

Parmi ceux qui ont croisé la route de Mickaël Vendetta depuis qu'il est apparu dans les pages des sites Internet *people*, le nom de l'ancien « Bogoss » de la télé-réalité provoque plutôt des sourires gênés. C'est finalement un journaliste, pas particulièrement proche,

---

1. Mickaël Vendetta avait effectivement incité les anti-vaccins qui seraient contraints à une vaccination non souhaitée à utiliser des « pompes à venin » dans une vidéo diffusée sur Instagram le 27 juillet 2021.
2. Entretien avec l'auteur le 18 septembre 2021.

mais qui a eu l'occasion de l'interviewer à plusieurs reprises, qui diagnostique : « Je pense que l'oubli dans lequel il est tombé au début des années 2010 a forgé en lui un désir effréné de retrouver les *spotlights*, à peu près à n'importe quel prix. »

Après mes échanges avec son avocat, Mickaël Vendetta s'est fait beaucoup plus discret sur Telegram, sans que je sache s'il s'agissait d'une conséquence de cet entretien ou, plus simplement, de la fin d'une « période de grâce » avec cette plateforme. En effet, je sais que l'ancienne star de la télé-réalité a depuis trouvé un nouveau terrain de jeu : je reçois à présent, *via* des participants, des captures d'écrans de conversations de Vendetta dans des groupes WhatsApp, où ses propos sont, sans surprise, du même acabit.

*

* *

Alors, pourquoi, au-delà d'un militantisme plus ou moins sincère et des convictions les plus farfelues, certaines stars perdent-elles tout discernement pour basculer dans l'outrance la plus totale ? Et surtout pourquoi ces élucubrations rallient-elles tant de gens dans le monde merveilleux de la dark info ?

Écouter Mickaël Vendetta peut cette fois nous éclairer et nous donner une piste de réponse. Le 28 mars 2021, le « Bogoss » retrouvait son « ami » Richard Boutry[1] sur le plateau de *France-Soir* à l'occasion d'un entretien vidéo. Boutry ? Un « vrai journaliste que je vois depuis cinq ans au moins une fois par semaine », s'amourache Vendetta dans ses messages Telegram.

1. Voir chapitre 3 : « La dark info, combien de divisions aujourd'hui ? »

Ce jour-là, après quinze minutes d'entretien, Vendetta concluait son interview d'un commentaire clairvoyant et étonnamment autocritique : « La provocation, c'est une stratégie de communication énorme. Les gens sont attirés par les clashs, souvent par des sujets qui ne sont pas très intelligents. Ils aiment la bêtise, malheureusement[1]... »

Ce qui s'appelle scier la branche sur laquelle on est confortablement perché.

---

1. « Mickaël Vendetta au Défi de la vérité : de la "bogossitude" à la zénitude ! », article publié sous la signature « FranceSoir », in *France-Soir*, 28 mars 2021, https://www.francesoir.fr/videos-le-defi-de-la-verite/mickael-vendetta-au-defi-de-la-verite

15

Papacito, le petit soldat du zemmourisme version YouTube

C'est l'histoire d'un ancien déménageur, ancien agent de sécurité, ancien ouvrier de chantier, ancien videur de bar, devenu star du YouTube des « patriotes de droite » – l'expression est de lui.

Ugo Gil Jimenez, *alias* Papacito, trente-cinq ans, se caractérise d'abord par un incroyable *flow* : une tchatche monumentale, des *punchlines* débitées sur un ton de mitraillette, une écriture ultra-référencée qui se vautre souvent dans l'ultraviolence et l'homophobie crasse.

C'est aussi un style improbable : chauve, barbu, hyper-baraqué, chemise ouverte sur d'innombrables tatouages, grosses bagouzes, et jamais à court d'un déguisement, surtout quand il peut s'afficher en treillis.

Mais Papacito, le royaliste-catholique-droitard, c'est aussi une pure création d'Internet.

Reprenons. Bachelier à vingt ans, Papacito entame des études de sociologie et n'adhère pas du tout, mais alors pas du tout, à la fac. Il passe deux ans à la Sorbonne, puis décroche. « La faculté, qui est le creuset de la gauche, m'a beaucoup agacé. Cela a suscité chez moi un rejet tellement puissant de la société que je me suis dit : “Soit j'écris, soit je tue des gens !” Ma morale

chrétienne m'a poussé vers la première option[1]... »,
confie-t-il, par exemple, dans une interview au magazine *Valeurs actuelles* à la mi-juillet 2018. Ambiance.

Et, effectivement, entre deux petits boulots, Papacito se met à écrire. Beaucoup. Les premiers textes que j'ai retrouvés proviennent d'un « Tumblr », une forme de blog ultra-simplifié très populaire au début des années 2010. Ça se passe sur fdpdelamode.tumblr.com, créé en septembre 2012, qui n'est plus accessible en version publique mais reste référencé *via* l'outil archive.org.

Dans la case « biographie », le lecteur trouve la présentation suivante : « Un blog prônant la haine du style vestimentaire contemporain. Nœuds papillons colorés, jeans slims, robes pour hommes et autres pédaleries *fashion* seront passés sous l'œil critique de notre équipe d'experts[2]. » Ambiance *bis*.

*

* *

Le tout premier post signé de Papacito que j'ai trouvé date du 17 septembre 2012. Ça sent à plein nez la nostalgie d'un monde qui n'a jamais existé. Sous prétexte de provoquer, l'homophobie suinte déjà.

Lisez plutôt et accrochez-vous : « Le monde n'est plus aussi couillu qu'à l'époque : les bagnoles sont moins larges et moins lourdes, les clopes menthols de Web designer ont remplacé les quatre paquets de gitanes

1. Paul Saverot, « Papacito : "Nous faisons un contre Canal+ culturel : fun, patriote et réactionnaire" », in *Valeurs actuelles*, 12 juillet 2018, https://www.valeursactuelles.com/societe/papacito-nous-faisons-un-contre-canal-culturel-fun-patriote-et-reactionnaire/

2. Écrits accessibles à l'adresse suivante : https://web.archive.org/web/20120919095848/http://fdpdelamode.tumblr.com/

réglementaires du bon vieux mâle d'antan... Mais où sont les impers en cuir putain ? Où sont les manteaux fourrure et les talons en ferraille ? Où sont les Rita, les Josette et les Gina ?! Où sont les Lino, les Gabin, les Marcel [...]. Pourquoi notre génération de fiottes n'aura pas son Vietnam, son Indoch', son Tchad, bref, sa guerre sale avec des trucs virils à faire, comme aligner trois Allemands à la douze 7, en criant : "Vous prendrez jamais Perpignan, sales bâtards !" Parce que tout est foutu, les plumeaux ont imposé la fiotisation de masse et les anciens, dépassés par le nombre, ont baissé les bras... Mais la résistance s'organise, et vous-même, depuis chez vous, pouvez participer au mouvement de libération par de simples petits réflexes[1]... »

Sous couvert d'humour (une fois encore...), sur fdpdelamode.tumblr.com, l'écriture est incroyablement violente. Parmi les différents auteurs de ce Tumblr, qui est une « œuvre collective », Papacito est celui dont l'écriture transpire le plus la détestation des homosexuels. La « fiotisation » de la France, comme il dit, est son idée fixe.

Cinq jours après son premier post, il reprend la plume, avec la même obsession : « Une étude américaine réalisée sur 1 000 adolescents français de centre-ville a démontré : qu'écouter Massive Attack augmente les chances de sucer une bite dans sa vie de 120 % voire de 150 % ; que boire du soja et manger un yogourt 0 % représentent en fait l'absorption de trois beaux saladiers remplis de foutre de baleine cendrée. » Et ainsi de suite sur 2 000 signes. Et ainsi de suite dans des centaines de posts, pendant près de cinq ans.

---

1. Propos accessibles *via* archive.org à l'adresse : https://web.archive.org/web/20120919095848/http://fdpdelamode.tumblr.com/

Papacito est né. Dans la culture des blogs des années 2010. Toute sa visibilité future vient de ce Tumblr. La suite ? En 2017, « fdpdelamode » devient un vrai site, autonome. Puis un livre, édité par les éditions Ring, une maison d'édition étiquetée à droite toute, dont la notoriété a explosé avec la publication de l'ouvrage *La France orange mécanique*, dans lequel Laurent Obertone entend dresser le portrait d'une France en proie à l'ultraviolence[1].

Le personnage public de Papacito, qui s'exprime face caméra, n'apparaît qu'ensuite, à partir de 2017-2018. Si, initialement, Ugo Gil Jimenez est un mec de l'écrit et non de la vidéo, il a réussi à adapter son personnage Papacito aux codes de l'audiovisuel, en le rendant tout aussi provoc', homophobe et masculiniste que l'étaient ses textes.

D'abord sur la chaîne YouTube de Ring, puis en *featuring* sur la chaîne d'un autre influenceur de la droite patriote, Le Raptor… et ainsi de suite. Le compagnonnage avec l'équipe de Ring lui a donné une notoriété évidente auprès de ce monde qui s'autoqualifie de « patriote » – et que l'on peut classer sans aucun risque à la droite de la droite. Mais attention, encore et toujours sous ce prétexte de l'humour et du décalage.

Jusqu'au mois de juin 2021. À ce moment-là, les saillies de Papacito, certes très visibles et très suivies, toutefois encore relativement circonscrites dans ce que l'on appelle une « bulle de filtres[2] » de droite, vont acquérir une visibilité autrement plus importante.

1. Laurent Obertone, *La France orange mécanique*, Ring, 2013.

2. Les « bulles de filtres » sont la vision du monde créée par les algorithmes qui sélectionnent les contenus proposés à chaque internaute, et qui ont tendance à être alignés sur les opinions de l'utilisateur. Les bulles de filtres enferment donc l'utilisateur des réseaux sociaux dans une vision du monde proche de la sienne. Voir chapitre 17 : « Joe Biden : "Facebook tue des gens !" »

Le dimanche 6 juin, Papacito met en ligne sur YouTube une vidéo titrée : « Le gauchisme est-il pare-balles ? » Cette publication, supprimée de la plateforme dès le lendemain, soit vingt-quatre heures après sa diffusion, mais qui peut encore y être facilement visionnée, met en scène un tir à balles réelles sur un mannequin représentant, selon Papacito, l'archétype d'un militant de Jean-Luc Mélenchon.

« On va voir si le matériel de base d'un mec qui vote Jean-Luc Mélenchon va lui permettre de résister à la potentielle attaque d'un terroriste sur notre territoire », glousse Papacito dans la vidéo. Le mannequin est même poignardé en fin de séquence.

C'est long, ce n'est pas drôle du tout, et, surtout, la vidéo de vingt minutes se termine par un tuto inquiétant dans lequel Papacito explique comment se procurer des armes de catégorie C (carabines de gros calibre, fusils à pompe...) de la manière la plus rapide et la moins onéreuse possible... Mais, promis, juré, selon lui : c'est du second degré et de l'humour.

Laura Magné, son éditrice, justifie ainsi : « Papacito, c'est du 36 000e degré. Malgré les tatouages, c'est vraiment un gosse, un enfant qui s'amuse.[1] » Jean-Luc Mélenchon y voit tout autre chose : un appel au meurtre, contre lequel il ne tarde pas à porter plainte. L'enquête est, à ce jour, toujours en cours.

*

* *

Dans le positionnement de Papacito, je vois deux références omniprésentes. La première, c'est la détestation

1. Entretien avec l'auteur le 5 juillet 2021.

des médias, théorisée par le camarade de maison d'édition de Papacito, Laurent Obertone. Dans *La France Big Brother*[1], Obertone écrivait ainsi, imaginant la confession tardive d'un journaliste « du système » : « La télé a droit de vie ou de mort sur les artistes, les politiciens ou les scientifiques. Notre objectif principal, celui de tous les journalistes du parti, sera toujours d'humilier le dissident, réel ou imaginaire. Notre but est d'inoculer notre morale au téléspectateur dépendant. Glisser un peu d'antiracisme dans ton paquet de lessive. Tous les journaux continuent à prôner exactement ce que prônaient Pol Pot, Mao et Staline. Étatisme total, redistribution des richesses, contrôle de la pensée, révolution culturelle, lynchage des saboteurs. Grâce à eux, la France est mentalement communiste. »

Cette vision se retrouve totalement dans les écrits, les vidéos, et même les *stories* Instagram de Papacito.

La seconde référence, c'est Éric Zemmour, avec qui Papacito entretient une relation suffisamment proche pour qu'ils partagent exactement les mêmes éléments de langage. C'est extrêmement troublant ; en écoutant leurs prises de parole successives, on a parfois l'impression d'un copier-coller. Un exemple parmi d'autres : leurs réactions à la fameuse vidéo simulant l'exécution d'un militant de Jean-Luc Mélenchon.

Quelques heures après la mise en ligne, Zemmour est prié de commenter la polémique, au cours de son émission sur la chaîne CNews. « J'aime beaucoup Papacito. C'est un garçon sympathique, intelligent », débute l'éditorialiste[2]. Sur le fond, Zemmour donne deux

1. Laurent Obertone, *La France Big Brother. Le mensonge, c'est la vérité*, Ring, 2015.

2. Éric Zemmour dans l'émission « Face à l'info », 7 juin 2021, https://www.dailymotion.com/video/x81t6nb

arguments. Le premier, c'est une comparaison avec la réaction de Jean-Luc Mélenchon à l'assassinat de la policière Stéphanie Monfermé au commissariat de Rambouillet, dans les Yvelines, le 23 avril 2021. « Je note que Jean-Luc Mélenchon fait une conférence de presse pour une vidéo qui se moque de lui. Quand la policière a été assassinée, il a fait un tweet. C'est très intéressant sur la hiérarchie des valeurs de Jean-Luc Mélenchon ! » cingle Zemmour.

Le deuxième argument, c'est de plaider la comparaison avec l'humour Canal. « J'ai regardé cette vidéo, c'est une vidéo gaguesque [“abjecte”, tente de lui opposer Christine Kelly, la présentatrice de l'émission]. C'est une vidéo du deuxième degré, du troisième degré. Moi qui suis vieux, on a connu ce genre de dérision. C'était le fameux esprit Canal+. » Et Zemmour a même en tête une émission bien précise : « Les Deschiens… Vous croyez pas que c'était une incitation à la haine des classes populaires ? »

Passons maintenant à Papacito. Deux jours après la diffusion de sa vidéo et au lendemain de la sortie d'Éric Zemmour sur CNews, invité de VA+, il emploie, au milieu d'une captation de quarante minutes, exactement les mêmes arguments. Le premier : « D'ailleurs, M. Mélenchon qui a fait une conférence de presse parce qu'il y a une vidéo où on se moquait de lui n'a fait qu'un tweet pour déplorer l'égorgement d'un fonctionnaire de police dans notre pays. »

Puis, en fin de vidéo, la même référence à l'esprit Canal+ : « On se fout de la classe moyenne ! Rappelez-vous Canal+, rappelez-vous Les Deschiens ! »

Au-delà de ces similitudes saisissantes, au-delà de la fascination pour un « c'était mieux avant » imaginaire, la proximité intellectuelle entre Papacito et

Zemmour passe aussi, évidemment, par un regard très critique sur la compatibilité de l'Islam avec la République. Toujours dans son interview à VA+ du 8 juin, Papacito explique ainsi : « Y a deux grosses civilisations qui cohabitent dans un même pays, et ça ne fonctionne pas. On n'arrive pas à imbriquer les conceptions françaises dans l'Islam, et on n'arrive pas à imbriquer l'Islam dans les conceptions françaises. En Islam, Dieu est au-dessus de tout. En France, ce qui chapeaute tout le reste, c'est le pacte social, le pacte civil. La République est un système solaire qui ne peut pas rentrer en fusion avec le système solaire musulman. »

Du pur Zemmour dans le texte...

*

* *

Depuis juin 2021, Papacito n'a plus de chaîne YouTube propre. Il change régulièrement de compte Instagram. Il a été comme rattrapé par les GAFAM, qui ont supprimé de nombreux comptes après l'épisode de la vidéo « Le gauchisme est-il pare-balles ? ». Cela ne l'empêche pas d'accorder de longues interviews à des médias amis, à l'image notamment de VA+[1], ou de Livre Noir[2], qui surcartonnent chaque fois en dépassant le million de vues. Il y déclame sans ambiguïté ses encouragements à la candidature de Zemmour.

Le vidéaste continue aussi à étaler sa détestation des femmes. Dans la vidéo diffusée par VA+ le 8 juin 2021,

1. « Papacito : réponse à Mélenchon », vidéo diffusée le 8 juin 2021 sur VA+, https://www.youtube.com/watch?v=IncxoYScNk0

2. « En direct – Papacito passe aux aveux ! », vidéo diffusée sur Livre Noir, https://www.youtube.com/watch?v=j9DlLXg_Bac

en pleine polémique Mélenchon, Papacito est ainsi interrogé par le journaliste de VA+ : « Comment tu expliques [...] l'hystérie profonde de la vie politique en France ? On a l'impression que chaque événement peut amener son lot de cris d'hystérie, de violences. Comment tu expliques ça ? »

La réponse de Papacito arrive du tac au tac. Tout ça, c'est la faute des femmes, explique-t-il, le plus sérieusement du monde : « Pourquoi il se passe ça ? Parce que la société s'est féminisée ! Hystérie. Du latin *hysteria*, la loi de l'utérus. La loi de l'utérus, parce que, à l'époque de Rome, tu as des mecs qui faisaient des conquêtes [...]. Et ils avaient des gonzesses qui venaient leur parler. Ça parlait fort, et tout ! Alors qu'eux, ils étaient en train de gérer la conquête de l'Arménie et de la Germanie, de quoi tu me parles ? Et elles étaient en train de leur prendre la tête pour un ruban, je sais pas quoi ! C'est ça qu'on appelait l'hystérie. Aujourd'hui, la société se gauchise, donc elle se féminise. Et en fait, comme aujourd'hui les gens réagissent comme des femmes, dès qu'il y a un moindre coup de pression, ça part dans des tours et dans des proportions qui ressemblent à des disputes de femmes, si tu veux ! »

À l'entrée de l'hiver, et à l'approche de la présidentielle, Papacito prépare également le lancement d'un magazine papier avec ses anciens partenaires de Ring, l'éditrice Laura Magné, l'auteur Laurent Obertone et le dessinateur Marsault, qui avait mis en images les tout premiers écrits de Papacito époque filsdeputedelamode. Dans une vidéo de manifeste, qui est aussi un appel à l'abonnement, Papacito théorise sa lecture du combat médiatique : « Vous savez qu'on a gagné la bataille d'Internet. Ça n'a pas été facile, on a pris beaucoup de coups, et on avait moins de subventions, moins d'algorithmes, moins d'aides de la part de YouTube. On l'a gagnée malgré la censure. Aujourd'hui, nous avons plus de poids sur Internet, grâce à ce combat qui a été mené en vidéo par les divers influenceurs patriotes de droite. Et aujourd'hui, on peut rentrer dans la gueule du gauchisme dans les kiosques, et non plus seulement sur le Web. Vous avez vu que la télé est en train de basculer. Nos idées ont de plus en plus de portée à la télé. Il faut que désormais ce soit aussi le cas dans la presse écrite ! On ne sera plus sur les codes de gauche qui nous cassent les couilles, mais sur les codes de la France de toujours, avec des valeurs de droite, des valeurs qui nous plaisent[1]... »

En 2018, lors de son premier entretien avec *Valeurs actuelles*, Papacito théorisait à sa manière les misères de la droite : « La droite souffre d'un truc capital : elle est chiante ! Le support de droite est chiant. Le but de notre mission est donc d'amener du fun pour faire passer un message de fond sans dégoûter ceux qui nous écoutent, nous lisent ou nous regardent. »

Quatre ans plus tard, force est de constater que, par ses outrances calculées, par le personnage *no-limit* qu'il a créé, par sa maîtrise parfaite des codes numériques, Papacito est en train de devenir le visage « LOL » du zemmourisme.

1. « Message de Papacito à tous les futurs abonnés », sur le site lafuria.fr, https://lafuria.fr/o/Content/co11398/message-de-papacito-a-tous-les-futurs-abonnes

TROISIÈME PARTIE

La dark info nous poursuivra longtemps

16

La dark info, un *business model* solide et en devenir

Dans ses bureaux du Sentier, dans le très branché 2e arrondissement de Paris, Michael Goldman, quarante-trois ans, pourrait passer pour un patron de *start-up* lambda. Petites lunettes d'intello, T-shirt ras du cou, baskets. Il me tutoie instantanément, me prépare un café, s'installe sur le canapé qui orne son bureau, et, alors que je reste sur une chaise, à proximité, balance une vanne, façon *punchline* : « Ça pourrait ressembler à une séance chez le psy, ton truc… »

Durant les deux heures que durera notre entretien, Goldman sera intarissable, animé par l'énergie du convaincu, du vrai passionné. Partout dans son bureau, des souvenirs rappellent sa première vie : des vinyles qui débordent des étagères, des machines à « bidouiller » de la musique, comme il dit, qui traînent sur les meubles, ou encore de grosses boîtes à archives intitulées « déclarations SACEM ».

En 2007, Goldman a créé My Major Company, un label musical financé par les internautes, qui lui a notamment permis de lancer et produire le chanteur Grégoire, et son fameux *Toi + Moi*, en 2008. « Grégoire, avant d'arriver sur My Major Company, il avait été refoulé de toutes les maisons de disques. Elles lui avaient dit : “Tes chansons elles sont bien, mais mec, désolé, t’as trente-cinq ans, tu fais 1,70 mètre… oublie ! Aujourd’hui on veut des jeunes, beaux…” En se confrontant directement au public, il a eu une réussite exceptionnelle : il a été le plus gros vendeur de disques en France ! C’est vraiment ça qui m’a toujours passionné avec Internet. Abattre les filtres. Moi, j’ai grandi avec une espèce de dégoût du fait que, pour exister, il faille convaincre un ou deux types dans leur bureau, qui avaient le droit de vie ou de mort sur notre destin artistique ou même sur notre parole. »

Cette première vie de producteur de musique, c’est évident, l’a aussi inscrit dans une trajectoire familiale : Michael Goldman est le fils de l’indétrônable personnalité préférée des Français, le chanteur et compositeur Jean-Jacques Goldman.

Mais c’est avec une autre casquette que Michael Goldman me reçoit, en cette fin octobre 2021. À partir de 2013, il a décidé d’utiliser une partie de la technologie développée pour My Major Company et de l’appliquer à un projet parallèle. Le nom de cette nouvelle plateforme ? Tipeee. Un site de financement participatif qui permet de soutenir des projets de créateurs… mais qui ne sont plus uniquement liés à la musique.

Vous aimez une chaîne YouTube de vulgarisation scientifique ou philosophique ? *Tipez*-la (de l’anglais *tip*, « pourboire ») sur Tipeee ! Vous pouvez lâcher un *tip* en une seule fois, ou, encore mieux, de façon récurrente, en versement mensuel. Environ 300 créateurs dépassent ainsi 2 000 euros de *tips* par mois.

Depuis le début de l’année 2021, selon les chiffres partagés sur le site de manière transparente, dans un onglet intitulé « Stats[1] », environ 590 000 euros ont été reversés chaque mois à des auteurs ou créateurs qui ont ouvert leur compte sur la plateforme. Tipeee prélève une commission de 8 % – ramenée à 6 % pour les plus gros projets. Sur le plan du capital, Tipeee est aujourd'hui une filiale de My Major Company, mais Michael me révèle souhaiter totalement l'autonomiser prochainement – dans le monde du *business*, on parle de *spin-off*[2].

La plateforme est rentable et repose sur une gestion de bon père de famille : Goldman a fait une seule et toute petite levée de fonds au lancement, en 2015, auprès – c'est chic – de Xavier Niel, le grand patron de Free, et de l'animateur télé Laurent Ruquier, pour un total de 160 000 euros : « C'était plus pour faire de la communication sur Tipeee que pour un besoin réel. Tipeee, c'est une boîte saine, gérée comme une petite PME. On n'a jamais fait énormément de marketing, on a été assez vite rentables... Dans la "French Tech", j'ai vu beaucoup de mecs se brûler les ailes : ils levaient 10 millions, en dépensaient 5 en marketing, et réfléchissaient à leur produit... mais après ! »

Goldman me raconte aussi avoir trouvé une forme d'équilibre vie privée/vie professionnelle, qui le satisfait totalement. Et, très important pour lui, il a pu, pendant de nombreuses années, rester extrêmement en retrait, médiatiquement parlant, en ne prenant quasiment jamais la parole. Vivons heureux, vivons cachés ; Michael Goldman perpétue l'adage familial...

1. Consultable sur : https://fr.tipeee.com/stats

2. Le *spin-off* consiste à créer une nouvelle entreprise à partir d'une branche d'activité d'une société existante. On procède alors à la distribution aux actionnaires – sous forme de dividendes – des actions de la filiale en échange des actions d'origine de l'entreprise mère.

*
* *

Cependant, au début du mois de septembre 2021, cet équilibre fragile a volé en éclats : Tipeee traverse, depuis ce moment-là, un « gros *shitstorm*[1] » – du propre aveu de son fondateur. Aux origines de la crise ? La fameuse émission « Complément d'enquête », le magazine d'investigation de France 2, diffusée le jeudi 2 septembre 2021 et titrée *Fake news, la machine à fric*[2], celle-là même déjà évoquée dans cet ouvrage lorsque nous nous intéressions au modèle économique de francesoir.fr[3]. Michael Goldman y joue un rôle assez peu enviable : celui de l'entrepreneur sans scrupules prêt à tout pour générer du *tip*, et donc du chiffre d'affaires, en permettant à tous les projets, tous les contenus sans distinction, d'être ouverts au financement sur sa plateforme.

Les journalistes de « Complément d'enquête » lui présentent ainsi des projets ouvertement complotistes hébergés et financés par Tipeee. Quelques chaînes YouTube confidentielles, qui lèvent des dizaines ou centaines d'euros, tout au plus. Mais aussi le documentaire controversé *Hold-up*, qui a récolté plus de 150 000 euros *via* le site en novembre 2020[4].

Face caméra, Goldman tente, extrêmement maladroitement, d'expliquer la présence de ces contenus plus

1. Littéralement une « tempête de merde », c'est-à-dire un buzz négatif soudain, souvent dévastateur en termes d'image.

2. Aude Favre et Sylvain Louvet, *Fake news, la machine à fric*, *op. cit.* Voir aussi chapitre 10 : « Et l'illustre *France-Soir* devint la bible des complotistes… »

3. Voir chapitre 10 : « Et l'illustre *France-Soir* devint la bible des complotistes… »

4. Voir prologue : « Ma première rencontre avec la "dark info" ».

que douteux par sa manière de concevoir la liberté d'expression. Et de lâcher une véritable énormité : « En fait, j'assume tout ce qu'il y a sur ce site. Du plus antisémite au moins antisémite. Et du plus complotiste au moins complotiste. » Isolée, postée sur Twitter, la petite phrase tourne en boucle. Déclenche plusieurs dizaines d'articles de presse extrêmement négatifs. Et provoque même un tollé chez une partie des créateurs présents sur Tipeee.

L'effet boomerang ne se fera pas attendre : depuis la diffusion du documentaire, le nombre de projets lancés sur la plateforme, le nerf de la guerre pour faire grandir celle-ci, est en net ralentissement, provoquant l'inquiétude de Michael.

Lorsque je le rencontre, l'entrepreneur, qui est accompagné depuis quelques semaines par une spécialiste de la communication politique, veut absolument me convaincre que sa position est plus complexe, et plus solide, qu'une sortie isolée – qu'il « regrette », d'ailleurs, et qu'il juge « fausse » : l'antisémitisme est un délit puni par la loi, et, à ce titre, Tipeee supprime systématiquement ce type de projets. Son objectif : me faire comprendre que tout ce qu'il a construit, il l'a fait au nom du seul principe de la liberté d'expression. Rappelons-nous qu'au début de notre échange Michael Goldman me parlait de son souhait d'autoriser toutes les « paroles »... Voici comment il me présente son combat : « La question de la liberté d'expression m'habite depuis très longtemps. Je considère que le combat pour la liberté d'expression, c'est d'abord le combat d'autoriser la parole aux gens qui ont des thèses avec lesquelles on n'est pas d'accord, tant qu'elles restent dans le cadre de la loi. C'est ce que l'on s'évertue à faire avec Tipeee, depuis sept ans, et c'est parfois assez difficile à faire comprendre. Mais on veut continuer à le faire, et on ne veut pas y renoncer. »

Au nom du respect de la loi, aussi : Tipeee, au regard du droit français, est un hébergeur de contenus, et non un éditeur. Les hébergeurs (comme Facebook, YouTube...) ne sont tenus à aucune modération *a priori* des contenus qu'ils hébergent – mais sont, en revanche, tenus d'agir dès qu'ils ont connaissance d'un contenu manifestement illégal, notamment par les procédures de signalement disponibles.

« Il y a trois cas de figure qui nous conduisent à supprimer un projet. Le premier, c'est lorsque l'on est confronté à des contenus qui sont manifestement illégaux au regard du droit. Certains cas sont évidents et faciles à trancher : quelqu'un qui dit “sale youpin”, c'est dehors ! Le deuxième, ce sont des personnes qui ne disent rien d'illégal dans ce qu'ils écrivent sur Tipeee, mais qui ont été condamnés. Donc on les supprime. Un exemple : si Dieudonné ou Zemmour [*NdA* : qui ont en commun d'avoir été condamnés par la justice, mais pour des raisons totalement différentes] essayaient d'ouvrir des pages avec une casquette de créateurs de contenus, on les virerait, au nom de leurs condamnations passées. Troisième cas de figure : des gens qui ne disent rien d'illégal, qui n'ont jamais été condamnés, mais qui sont condamnés en cours de route. On va plus loin que ce à quoi on est tenus juridiquement. J'ai zéro obligation en tant qu'hébergeur. Cette modération, c'est un choix éditorial ! »

Politiquement, Michael Goldman revendique une position proche des théories libertariennes – tiens, tiens, souvenez-vous, c'est aussi ce que me disait Jeremy Kauffman, le fondateur d'Odysee.com. « J'ai une vision assez... j'allais dire... libertarienne. À l'échelle française. C'est un grand mot, je mets derrière l'idée que ce qui reste dans le cadre de la loi doit être défendu. Et je ne veux pas plier devant la *cancel culture*. Est-ce à un patron de *start-up* de décider ce qui peut être dit ou pas dans le débat public alors que le législateur français lui-même l'autorise ? »

Quand je lui demande de me parler des projets qu'il est particulièrement fier d'avoir accompagnés, Goldman me cite spontanément la chaîne YouTube Thinkerview. Lancée en 2013, elle repose sur un modèle de « grands entretiens ». Lesquels ont servi d'inspiration à Erik Tegnér pour Livre Noir, à la différence notable qu'ils sont produits par un animateur qui cultive son anonymat et un positionnement à gauche.

Créditée de plus de 900 000 abonnés à la mi-février, Thinkerview perçoit aujourd'hui près de 25 000 euros par mois sur Tipeee et vit donc très bien.

Autres noms cités spontanément par Goldman ? Thaïs d'Escufon, ancienne porte-parole du collectif Génération identitaire, organisation d'extrême droite dissoute par le gouvernement, et Taha Bouhafs, reporter pour le média Là-Bas si j'y suis, engagé à gauche de la gauche. Deux acteurs à la frontière de l'information et du militantisme, très radicaux, et qui développent des visions extrêmes du monde – tous les deux ont d'ailleurs été condamnés par la justice. Goldman voit dans le fait qu'ils aient pu, un temps, développer leur présence sur Tipeee un symbole de la confrontation d'idées encouragée, selon lui, par sa plateforme.

*

* *

À cet instant, je le sens totalement sincère. Il n'hésite pas à me dire à quel point il est mal à l'aise à l'idée de laisser ce rôle de modération des contenus « au premier créateur de *start-up* venu », et encore plus à Google, Facebook ou Amazon. Sur ce point, son argumentation rejoint d'ailleurs les très nombreuses protestations qui avaient suivi la suppression des comptes de Donald Trump sur Facebook et Twitter en janvier 2021, après les émeutes du Capitole.

« La régulation des géants du numérique ne peut pas se faire par l'oligarchie numérique, cinglait même le ministre de l'Économie, Bruno Le Maire, interviewé le 11 janvier sur France Inter[1]. L'oligarchie digitale est l'une des menaces qui pèsent sur les États et sur les démocraties, la régulation des géants du digital ne peut pas et ne doit pas se faire par les géants du digital, elle est nécessaire, et peut se faire par le peuple souverain, par les États, et par la justice. » Goldman ne ferait donc, en quelque sorte, que s'inscrire dans cette volonté d'appliquer un cadre juridique, et uniquement juridique, à la modération des contenus.

Subsiste toutefois une drôle d'impression. En reprenant les sommes levées *via* Tipeee, et en les regardant cette fois sur la base d'une moyenne mensuelle, j'éprouve un petit trouble. On retrouve une courbe en escalier, avec plusieurs marches franchies de manière très nette. Une marche est une très forte croissance à un moment *t*, pour une occasion bien identifiée, suivie d'une stagnation, voire d'un léger recul, mais dont le niveau reste néanmoins beaucoup plus élevé que l'« avant-marche ».

---

1. Entretien consultable à l'adresse suivante : https://www.franceinter.fr/emissions/l-invite-de-8 h 20-le-grand-entretien/l-invite-de-8 h 20-le-grand-entretien-11-janvier-2021

C'est une courbe dont je connais bien la forme : elle est typique, par exemple, du développement du trafic sur les sites d'information, qui connaissent des pics d'actualité significatifs.

En l'occurrence, au cours de l'année 2020, les sommes levées par Tipeee ont connu deux marches. La première en avril-mai 2020, lors du confinement, alors que la plateforme a permis de récolter 615 195 euros en moyenne, chaque mois, contre 404 029 euros au début de l'année 2020. La seconde en novembre 2020, qui enregistre 792 173 euros levés – un record pour Tipeee –, contre une moyenne de 497 000 euros levés par mois entre janvier et octobre 2020 !

« Novembre, c'est évidemment l'effet *Hold-up*, avec 150 000 euros levés sur un mois par le projet », me confirme Michael Goldman. Mais la courbe n'est pas vraiment redescendue après ce dernier pic, et le site tourne encore à 593 000 euros mensuels depuis. Une moyenne record, et qui n'a rien à voir avec les scores du début de l'année 2020.

Pour moi, c'est la preuve mathématique que *Hold-up* a un impact sur le long terme. Mais pour Michael Goldman, cette lecture est erronée : « C'est un effet structurel, lié au confinement. Il y a dix chaînes yoga qui sont arrivées au moment du confinement, et il y a une saisonnalité forte sur la fin de l'année. Vraiment, *Hold-up* n'a rien généré de structurel ! »

*

* *

Malgré nos deux heures d'échange et une grande liberté de parole, je suis ressorti du bureau de Michael Goldman sans savoir ce que représente réellement la part de dark info dans le développement accéléré de Tipeee depuis novembre 2020. En revanche, je suis absolument certain d'une chose : le financement de la planète #FakeNews par le biais de sites de financement participatif, comme Tipeee, reste totalement marginal. On parle de quelques centaines de milliers d'euros annuels au maximum.

Car le vrai levier de financement de la dark info, c'est la publicité digitale, industrielle et classique. Et notamment cette forme particulière que l'on appelle la « publicité programmatique », qui s'est développée à partir des années 2000 et n'a cessé de se professionnaliser depuis. Pour faire simple, il s'agit d'une sorte d'industrialisation de la commercialisation des inventaires publicitaires sur Internet, qui ne sont désormais plus vendus au terme d'une négociation bilatérale « classique » entre un annonceur et un média ou un site donné, mais qui ciblent, en temps réel, des audiences particulières auxquelles l'annonceur souhaite s'adresser, et ce sur un immense portefeuille de sites différents. Par exemple : vous êtes un vendeur de plantes vertes sur Internet et vous souhaitez faire de la publicité pour un produit auprès des Français de moins de quarante ans qui ont l'habitude d'aller sur des sites liés à l'univers du jardinage. Vous placez alors une « enchère » sur cette cible, en définissant la somme maximale que vous êtes prêt à dépenser.

Ensuite, tout va très vite : dès qu'un internaute au profil correspondant est identifié sur l'un des sites qui ont autorisé cette solution technologique, vous entrez dans une vente aux enchères face à d'autres annonceurs, que vous remporterez si vous êtes le mieux-disant. Ce processus extrêmement automatisé se déroule en quelques centièmes de seconde, dans le court temps qui s'écoule entre le moment où l'internaute ouvre la page Web et celui où la page en question s'affiche...

Ce marché, en pleine expansion, pèse très lourd à l'échelle mondiale : 155 milliards de dollars par an, selon une estimation produite par le site spécialisé OnAudience.com[1]. Et environ 1,4 milliard d'euros en France, selon le cabinet spécialisé eMarketer[2].

Quelle part la dark info prend-elle dans ces montagnes de dépenses publicitaires ? Des sites Internet plus ou moins ouvertement complotistes, entre autres, peuvent-ils toucher des revenus par ce biais ? La réponse, on l'a vu avec le cas du site Internet francesoir.fr[3], est... oui !

Et cela peut même être mesuré un peu plus précisément. Le média américain Newsguard a développé une technologie de certification de sites reposant sur l'évaluation de la fiabilité de l'information produite par les pages dédiées que l'on pourrait résumer, pour faire simple, à un « nutriscore[4] ». Il a estimé, à travers le monde, le poids économique de la mésinformation dans le marché programmatique.

À partir d'un échantillon de près de 7 000 sites Web traités par Newsguard, croisé avec les données de la société Comscore, spécialisée dans la mesure des audiences numériques, les équipes du média américain ont évalué à 1,68 % sur l'ensemble des dépenses publicitaires programmatiques celles réalisées sur des sites de

---

1. Consultable à l'adresse suivante : https://www.onaudience.com/resources/top-data-markets/

2. Consultable à l'adresse suivante : https://www.statista.com/statistics/1005018/programmatic-ad-spending-digital-france/

3. Voir chapitre 10 : « Et l'illustre *France-Soir* devint la bible des complotistes... »

4. Système d'étiquetage des produits alimentaires instauré en France en 2016 et qui permet de classer ces produits selon leur valeur et leur équilibre nutritionnels, une notation allant de A vert à E rouge.

« mésinformation », selon la terminologie de Newsguard – terme qui recoupe en très grande partie la sphère de la dark info. 1,68 %, cela peut sembler très peu. Mais rapporté à 155 milliards de dollars par an, cela représente… 2,6 milliards de dollars annuels dépensés par des annonceurs sur les sites des « faussaires de l'info » à travers le monde. À l'échelle française, on arrive tout de même à plus de 23 millions d'euros !

De quoi permettre à des milliers de Khadra et de Petitdemange, à des dizaines d'Erik Tegnér, Martial Bild ou Papacito de continuer à diffuser, sans beaucoup de garde-fous à ce jour, les propos les plus extrêmes, voire les plus illégaux, les plus déstabilisants pour des esprits friables… et les plus fantaisistes.

17

Joe Biden : « Facebook tue des gens ! »

Il est 14 h 30, ce vendredi 16 juillet 2021, et Joe Biden, le président des États-Unis, s'apprête à quitter la Maison-Blanche pour rejoindre sa résidence de Camp David, à une petite centaine de kilomètres de Washington, le temps d'un week-end *off*.

Marine One et les hélicoptères qui vont l'accompagner dans le Maryland sont prêts au départ. Leurs pales vrombissent déjà sur la pelouse sud de la demeure du président.

Juste avant, dans le Bureau ovale, après un rapide déjeuner avec sa vice-présidente Kamala Harris, expédié en quarante minutes, montre en main, Joe Biden a reçu un énième *briefing* de son équipe rapprochée qui gère la crise du Covid-19. Cette semaine, elle l'alerte particulièrement sur le poids croissant des antivax sur les réseaux sociaux : « Certains cherchent à tromper délibérément le peuple américain sur l'importance de la vaccination. Ceux qui colportent et promeuvent ces mensonges dangereux nuisent aux personnes les plus à risque. Ils favorisent une pandémie qui a déjà coûté la vie à plus de 600 000 Américains. Nous appelons tout le monde – les plateformes de médias sociaux, les agences de presse, les Américains – à aider à faire connaître les faits à leurs amis, à leurs familles, à leurs communautés[1] », attaque, dès la sortie de sa réunion avec le président, le plus proche conseiller de Joe Biden sur la crise Covid, Jeff Zients. Un sacré changement d'ambiance par rapport aux ambiguïtés et valses-hésitations de l'administration Trump…

Depuis plusieurs jours, c'est plus précisément Facebook, le géant de Menlo Park, qui est dans le viseur. La veille, jeudi 15 juillet, la porte-parole de la Maison-Blanche, Jen Psaki, s'en est prise directement à l'entreprise de Mark Zuckerberg lors de sa conférence de presse quotidienne. Officiellement, son message est adressé à « toutes les plateformes de réseaux sociaux ». Mais, en faisant les comptes, aucun doute n'est permis : sur les deux minutes consacrées au sujet, on note huit mentions de Facebook, alors qu'aucune autre entreprise ne sera nommée.

Ce jour-là, le ton est véhément, mais reste sur le mode de la suggestion. Plus précisément, Psaki en formule quatre : « Premièrement, Facebook devrait fournir, de manière publique et transparente, des données sur la portée de la désinformation relative au vaccin contre le Covid. Deuxièmement, il y a environ douze personnes qui produisent 65 % de la désinformation anti-vaccinale sur les plateformes de médias sociaux. Toutes ces personnes restent actives sur Facebook, bien que certaines d'entre elles aient été interdites sur d'autres plateformes. Troisièmement, Facebook doit aussi agir plus rapidement pour supprimer les publications préjudiciables et contraires à la loi. Les publications conformes à sa

1. Transcription consultable à l'adresse suivante : https://factba.se/biden/transcript/joe-biden-press-conference-covid-response-team-july-16-2021

politique de suppression restent souvent affichées pendant plusieurs jours. C'est trop long. Enfin, nous avons proposé que Facebook favorise les sources d'information de qualité dans son algorithme de flux. Facebook a montré à plusieurs reprises qu'il disposait des leviers nécessaires pour promouvoir les informations de qualité. »

Des suggestions gouvernementales que Facebook balaiera l'après-midi même, en mettant en avant ses propres chiffres : l'entreprise assure avoir déjà supprimé de sa plateforme près de 18 millions de messages de désinformation.

Alors, après cette semaine où toute son administration n'a eu de cesse de l'alerter des effets pervers de Facebook, après cette fin de non-recevoir claire et nette de la firme californienne, Joe Biden hausse singulièrement le ton. Juste avant de s'engouffrer dans son hélicoptère, le président se présente devant le « *pool* » des journalistes accrédités à la Maison-Blanche, pour un exercice que l'on appelle un « micro tendu ».

Un journaliste l'interpelle, en criant un peu plus fort que les autres : « Monsieur le Président, sur la désinformation autour du Covid, quel est votre message aux plateformes comme Facebook ? » La réponse de Biden ne dure que quelques secondes. Elle est partiellement couverte par le bruit des hélicos mais elle est d'une violence inédite : « Ils tuent des gens. Regardez, la seule pandémie que nous avons, elle est parmi les non-vaccinés. Et, vraiment, c'est cela : ils tuent des gens ! »

Elle fera le tour du monde dans la minute : un président des États-Unis qui accuse nommément Facebook, entreprise américaine aux 3 milliards d'utilisateurs à travers le monde, de tuer des citoyens américains, c'est effectivement un événement frappant...

*
* *

Comment est-on passé de la lune de miel avec Facebook, entreprise jadis chérie par Barack Obama, à cette crise ouverte et frontale ? La réponse tient évidemment en plusieurs facteurs, mais le plus important est connu depuis de nombreuses années. Il a été identifié au début des années 2010 par un auteur américain, Eli Pariser. C'est le concept des « bulles de filtres », théorisé dans un livre passé à la postérité : *The Filter Bubble. What The Internet Is Hiding From You*[1]. Pariser, qui se décrit lui-même comme plutôt de gauche, y raconte comment, un jour, Facebook a tout simplement fait disparaître de son fil d'actualité les messages de ses amis de droite.

Dans une conférence TED[2] de 2011, l'auteur raconte ainsi : « Je me suis toujours démené pour rencontrer des conservateurs. J'aime écouter ce qu'ils pensent ; j'aime voir à quoi ils se connectent ; j'aime apprendre une chose ou deux [...]. Un jour, j'ai remarqué que les conservateurs avaient disparu de mon fil. Facebook regardait chaque lien que je cliquais, et s'apercevait que, en fait, je cliquais plus souvent sur les liens de mes amis libéraux que sur les liens de mes amis conservateurs. Et, sans me consulter à ce pro-

1. Eli Pariser, *The Filter Bubble. What The Internet Is Hiding From You*, Penguin, 2012.

2. Les conférences TED, nées en Californie dans les années 1980, organisées à présent partout à travers le monde, sont extrêmement rythmées et scénarisées. D'une durée d'environ vingt minutes au maximum, elles mettent en avant des experts, des intellectuels, des acteurs du débat d'idées, de la politique ou de l'économie, qui présentent une « idée » forte. Dans le langage TED, on parle d'« idées qui en valent la peine »...

pos, Facebook a éliminé mes amis conservateurs ! Ils avaient disparu[1]. »

Pariser considère cette personnalisation opérée par l'algorithme du réseau social, ce tri entre les informations qui vous sont montrées et celles qui ne vous sont pas présentées, comme un filtre : « Si vous prenez tous ces filtres ensemble, si vous prenez tous ces algorithmes, vous obtenez ce que j'appelle une bulle de filtres. Votre bulle de filtres est votre propre univers d'information. Il est personnel et unique. Ce qui est dans votre bulle de filtres dépend de qui vous êtes, et dépend de ce que vous faites. Mais le truc, c'est que vous ne décidez pas ce qui entre dedans. Et, plus important, vous ne voyez pas, en fait, ce qui se trouve rejeté. »

Cette donnée est absolument essentielle. Elle est au cœur du mécanisme qui conduit à faire de Facebook un réseau qui enferme, plutôt qu'il n'ouvre. Elle s'applique également à de très nombreuses plateformes sociales. Prenez les recommandations sur YouTube, ces vidéos suggérées qui s'affichent à côté d'un contenu que vous êtes en train de regarder. Un collectif d'acteurs du numérique, baptisé « AlgoTransparency », a cherché à mieux comprendre comment s'affichaient ces vidéos recommandées. Le verdict, rapporté par Guillaume Chaslot, créateur de ce collectif, est terrible : « J'ai montré, en 2017, que l'algorithme recommandait la théorie de la Terre plate environ dix fois plus que celle montrant que la Terre est ronde. D'autres exemples de cercles vicieux amplifient la haine, qui est très efficace pour le temps

---

1. « Eli Pariser nous met en garde contre les “bulles de filtres” en ligne », conférence TED, mars 2011, https://www.ted.com/talks/eli_pariser_beware_online_filter_bubbles?language=fr

Voir aussi Antoine Bayet, *Les réseaux sociaux sont-ils dangereux ?*, First, 2021, chapitre 5.

de vue. Haine anti-immigrés, haine anti-Français, haine religieuse, haines de classe : les créateurs haineux ont été particulièrement mis en avant [...] parce qu'ils sont très efficaces pour faire regarder de la pub[1]. »

Pour l'ancien ingénieur de Google, la raison en est très simple : « Chez YouTube, on n'essaie pas suffisamment de résoudre les problèmes d'enfermement algorithmique, on s'intéresse encore trop souvent uniquement au temps de vue... »

Encore plus inquiétant : les tentatives des acteurs de la tech pour corriger ces biais, connus, se fracasseraient systématiquement contre la réalité, comme l'ont révélé, à l'automne 2021, d'anciens salariés de Facebook – lesquels ont rendu publique une série de documents appelés « Facebook Files », montrant comment l'entreprise peinait à réguler ses propres dispositifs. Un exemple parmi d'autres : en 2018, la plateforme annonce un changement de son algorithme, visant à donner plus de poids aux contenus partagés par des amis et des proches, et non plus à des pages politiques ou de médias. Le but était de rendre le fil d'actualité personnalisé des utilisateurs davantage susceptible de déboucher sur des *meaningful social interactions*, ou « MSI », autrement dit sur des échanges à plus haute valeur sociale ajoutée.

Toutefois, selon les documents internes rendus publics à l'automne 2021, c'est l'inverse de l'effet recherché qui s'est produit : « Le changement d'algorithme a favorisé les contenus clivants. En partie parce que l'algorithme modifié a donné énormément de poids aux contenus partagés par les proches, y compris lorsque ceux-ci pro-

1. Guillaume Grallet, « YouTube : confessions d'un repenti », in *Le Point*, 29 août 2019, https://www.lepoint.fr/technologie/youtube-confessions-d-un-repenti-29-08-2019-2332248_58.php

venaient de pages douteuses ou très engagées politiquement », écrivent les journalistes du *Monde* Alexandre Piquard et Damien Leloup, qui ont pu consulter ces documents internes de Facebook[1].

En Europe aussi des tentatives de régulation se développent, à l'image notamment de la directive européenne dite « Digital Services Act » (DSA), encore en cours de négociation, et dont les contours avaient été présentés par le Commissaire européen en charge du numérique, le Français Thierry Breton, mi-décembre 2020. La ligne directrice de ce texte complètera pour partie une directive datant de juin 2000, qui avait posé les bases de la régulation du numérique « à l'européenne », et visera à faire peser plus de responsabilités sur les grandes plateformes digitales, sans toutefois conduire à une modération *a priori* de tous les contenus qui peuvent y être diffusés[2].

Souvenez-vous du groupe Facebook « Didier Raoult Vs Coronavirus 💪 » et de son incroyable succès au printemps 2020 en France[3] ; c'est exactement ce phénomène qui est à l'œuvre ici : le partage par des particuliers sur leurs fils d'actualité des contenus issus du groupe lui a donné une visibilité décuplée.

Alors, Facebook tue-t-il vraiment des gens, comme le disait Joe Biden ? Le réseau social permet en tout cas de diffuser à grande échelle des idées plus que contestables et qui contiennent parfois une bonne dose de poison mortel…

---

1. Alexandre Piquard et Damien Leloup, « Comment l'algorithme de Facebook échappe au contrôle de ses créateurs », in *Le Monde*, 26 octobre 2021, https://www.lemonde.fr/pixels/article/2021/10/26/comment-l-algorithme-de-facebook-echappe-au-controle-de-ses-createurs_6099888_4408996.html

2. Antoine Bayet, *Les réseaux sociaux sont-ils dangereux ?*, *op. cit.*, chapitre 8.

3. Voir chapitre 8 : « Dans les secrets de la naissance du groupe Facebook "Didier Raoult Vs Coronavirus 💪" ».

18

Pourquoi l'éducation aux médias n'avance (toujours) pas…

Elle est, de toute évidence, *le* grand antidote à la propagation de la dark information parmi les jeunes générations. Mais elle peine encore à émerger, à se financer – voire, tout simplement, à être prise au sérieux.

L'« éducation aux médias et à l'information », également appelée « EMI », est prévue dans les programmes scolaires français depuis 2013, et vise à délivrer un kit de survie aux adolescents qui s'aventurent dans la jungle médiatique. L'objectif est ambitieux : leur apprendre comment une information se fabrique, les sensibiliser au fait que certains acteurs des médias cherchent à la manipuler. Ou les amener à réfléchir sur leur utilisation des outils numériques… Un organisme, le Clemi, ou « Centre de liaison de l'enseignement et des médias d'information », est plus particulièrement chargé, par le ministère de l'Éducation nationale, d'assurer cette mission essentielle.

Et pourtant, quand on entre au siège du Clemi, dans le 15e arrondissement de Paris, on a l'impression, après un petit labyrinthe de couloirs lugubres, de pénétrer dans un lycée vieillot qui aurait besoin d'un sacré ravalement. À côté du bureau du directeur, une salle audiovisuelle au matériel en fin de vie. « Non mais ce n'est pas un studio, c'est un espace de stockage », s'excuse presque le patron des lieux.

Serge Barbet, cinquante ans, a commencé sa vie professionnelle comme journaliste dans la presse quotidienne régionale, près de Lyon, avant de devenir un politique pur sucre, fier de son engagement au Parti socialiste. Pendant plus de dix ans, de 2001 à 2014, il a été la plume de Gérard Collomb. Puis, durant la seconde partie du quinquennat de François Hollande, il a rejoint une autre Lyonnaise, Najat Vallaud-Belkacem, qu'il accompagne successivement au ministère des Droits des femmes, de la Jeunesse et des Sports, puis de l'Éducation nationale. D'abord chargé de la communication et de la presse, il se retrouve, un peu au hasard du jeu des chaises musicales, chargé de l'éducation aux médias auprès de la ministre. Nous sommes alors en novembre 2014.

« Je n'imaginais pas, évidemment, que, deux mois plus tard, le 7 janvier 2015, il y aurait l'attentat de *Charlie Hebdo*[1]. » Pour Barbet, qui découvre ce domaine, l'attaque contre la rédaction de l'hebdomadaire satirique a rapidement mis le sujet de l'éducation aux médias et à l'info « à l'agenda » des politiques.

Cet épisode « Charlie », Bruno Studer, quarante-trois ans, aujourd'hui député LREM et président de la commission des affaires culturelles et de l'éducation de l'Assemblée nationale, s'en souvient lui aussi parfaitement. À l'époque, il est professeur d'histoire-géographie au collège, dans un établissement classé « réseau d'éducation prioritaire », dans la banlieue de Strasbourg.

« Bien entendu, ça a été un moment très marquant. Moi, mes élèves me demandaient : “Mais monsieur,

1. Entretien avec l'auteur le 20 octobre 2021.

c'est qui, Charlie ? C'est un homme ? C'est une femme ?" Je me souviens avoir emmené les élèves sur Google, taper "Charlie" et afficher les images associées... Et il y avait cette fameuse une de 2006 où l'on voit un barbu qui dit : "C'est dur d'être aimé par des cons", et en sous-titre : "Mahomet débordé par des intégristes". Je l'ai montrée en classe, moi, cette caricature ! J'en ai tartiné... Eh bien je n'avais pas un élève qui était capable de me dire ce qu'était un intégriste ! Pas un élève capable de me dire ce que voulait dire l'expression "Mahomet débordé par des intégristes". En revanche, ils avaient bien vu qu'il y avait un "barbu" qui était "aimé par des cons". » Bruno Studer, si calme depuis le début de notre entretien, s'anime en me racontant ses heures de cours dans la banlieue de Strasbourg : « En face de moi, j'avais des jeunes qui ne comprenaient pas ce qui était en train de se passer. Qui me posaient des questions du genre : "Pourquoi les rétroviseurs ils changent de couleur de telle photo à telle photo[1] ?" ; "Mais monsieur, vous croyez vraiment qu'ils [les frères Kouachi] sont assez stupides pour perdre leur carte d'identité[2] ?" Je leur ai dit : "Moi, ça m'est déjà arrivé !" Il faut oser parler.

1. La « théorie des deux rétros » est une pure rumeur, qui repose sur la diffusion de deux photos prises sous des angles différents de la voiture utilisée par les frères Kouachi, le mercredi 7 janvier 2015, lors de l'attentat contre *Charlie Hebdo*. Sur l'une, les rétroviseurs sont de couleur noire. Sur l'autre, ils apparaissent blancs. Ce serait, selon des messages relayés sur les réseaux sociaux, le signe qu'il y avait deux voitures, contrairement à ce qu'affirment les autorités et les médias. Voire que toute l'attaque ne serait que mise en scène. Sauf que la différence de couleurs de ces rétroviseurs en métal chromé est simplement due à leur degré d'exposition au soleil.

2. La carte d'identité de Saïd, le frère aîné des Kouachi, a été retrouvée par la police dans la voiture abandonnée par les fuyards dans le 19e arrondissement de Paris.

Oser dire aussi : “Là, on s’arrête, il y a une enquête, moi, enseignant, je ne sais pas tout[1].” »

Alors, deux ans après les attentats de janvier 2015, sitôt élu à l’Assemblée, Studer enfourche son cheval de bataille dès les premiers jours de la nouvelle présidence. « D’emblée, j’ai interpellé Emmanuel Macron, en lui disant que le complotisme et la fausse information sont des fléaux dramatiques, trop souvent sous-estimés. » C’est ainsi que Studer s’est retrouvé rapporteur d’un texte important et symbolique du quinquennat, la « loi contre la manipulation de l’information », entrée en vigueur en décembre 2018, qui prévoit notamment une plus grande transparence des plateformes, notamment en période électorale.

*

* *

Barbet, de son côté, a pris la direction du Clemi le 9 mai 2017, aux tout derniers jours du quinquennat de François Hollande – une nomination qui peut certes avoir des airs de « recasage » de dernière minute, mais dont Barbet, toujours en poste quatre ans plus tard, a su tirer le meilleur parti. Il revendique auprès de moi son approche pragmatique et réformiste, à deux doigts de l’entrisme : « J’ai vu plein de gens se fracasser contre le ministre de l’Éducation nationale, Jean-Michel Blanquer… et puis se retrouver dehors. Ma stratégie a été tout autre. J’ai choisi de me battre pour cet outil fragile qu’est le Clemi, de le protéger… »

De fait, Barbet ne fait pas de langue de bois lorsque je lui demande les raisons qui, selon lui, empêchent l’EMI

1. Entretien avec l’auteur le 19 octobre 2021.

de devenir un *vrai* sujet d'importance dans les collèges et les lycées. Il m'avance plus précisément trois raisons.

Premier élément, évident : les moyens. Le Clemi compte seulement vingt-trois permanents (vingt-trois !) et, selon Serge Barbet, « 5 millions d'euros de budget » – un chiffre non public, que je n'ai pas pu vérifier. Quoi qu'il en soit, rapporté aux 13 millions d'élèves français et aux 870 000 enseignants envoyés en première ligne dans cette bataille majeure, cela représente une goutte d'eau. Moins de 50 centimes d'euro par élève et par an...

Deuxième élément, selon Barbet : l'amour un peu trop absolu de Jean-Michel Blanquer pour les enseignements dits « fondamentaux » : « Dès le début du quinquennat, l'idée, ça a été : priorité aux fondamentaux, et rien qu'aux fondamentaux. Tout ce qui avait trait à l'interdisciplinarité, comme l'éducation aux médias et à l'information, ce n'était plus la priorité. Il y a donc une forme de latence qui s'est installée... »

Dernière raison : le manque de considération pour l'EMI de la part de certains recteurs ou rectrices d'académie : « Il faut faire en sorte que les personnels les plus haut placés dans les académies aient cette culture de l'EMI. Quand on emmène au "prix Bayeux des correspondants de guerre" 7 000 lycéens en une semaine, et que la rectrice n'est pas là, ça veut dire qu'elle n'a pas saisi que c'est un enjeu éducatif prioritaire ! J'ai cette impression que certains s'imaginent que l'éducation aux médias contreviendrait aux missions fondamentales de l'école. Mais ces lycéens, qui se retrouvent face à des photo-reporters de guerre pour les interviewer, leur poser des questions, s'éduquer à la photo, à l'image, à la géopolitique et à la citoyenneté, je pense que c'est vraiment une priorité... »

À quelques kilomètres de là, depuis son grand bureau de patron de commission permanente de l'Assemblée nationale, tout à fait comparable, par la taille, à celui d'un ministre, Bruno Studer défend, de son côté, une mesure symbolique qui pourrait permettre d'accélérer, à ses yeux, la diffusion de l'EMI à l'école. L'ancien prof recommande ainsi de faire de l'éducation aux médias une matière à part entière, avec des enseignants spécialement formés, qui auraient un CAPES ou une agrégation spécifique… Car l'éducation aux médias et à l'info n'a fait son entrée dans les programmes scolaires que de manière détournée, en juillet 2013, et l'EMI se faufilait alors au travers de la « loi pour la refondation de l'école de la République », portée, à l'époque par Vincent Peillon. Voici ce qu'on peut y lire : « Au collège, l'éducation aux médias, notamment numériques, initie les élèves à l'usage raisonné des différents types de médias et les sensibilise aux enjeux sociétaux et de connaissance qui sont liés à cet usage. » Ce que le « Conseil supérieur des programmes » a traduit de la manière suivante : « Tout au long de sa scolarité, et dès le plus jeune âge, l'enfant développe des habitudes et des pratiques qui lui permettront de devenir un citoyen libre, éclairé et responsable, capable de s'informer, de se cultiver, d'exercer sa sensibilité et son esprit critique, et d'agir de manière autonome dans la société contemporaine de l'information et de la communication[1]. » Beaucoup de bonnes intentions, mais pour quels résultats concrets ?

Studer est *cash* : « C'est trop flou. C'est transdisciplinaire, ça flotte. Quand on fait du saupoudrage

1. « Orientations pour l'éducation aux médias et à l'information (EMI). Cycles 2 et 3 », consultable à l'adresse suivante : https://eduscol.education.fr/document/327/download?attachment

comme ça, ça ne marche jamais. Je pense qu'on ne peut pas se passer d'une transformation de l'EMI en matière à part entière. » Il me dit être prêt à créer un CAPES d'éducation aux médias, une agrégation : « La loi de 2013, c'était une prise de conscience intéressante, un premier pas. Mais je pense qu'il faut aller plus loin. »

*

* *

Un autre thème, tout aussi stratégique sinon plus encore, vu l'urgence de la situation, réunit, presque à l'unisson, Serge Barbet et Bruno Studer : la place que doivent occuper les GAFA dans l'Éducation nationale. En l'occurrence, ni l'un ni l'autre ne souhaite voir les géants du numérique investir les salles de classe en matière d'accompagnement pédagogique. « Quand Twitter propose un guide d'éducation aux médias labellisé par l'UNESCO, il faut bien voir le danger que cela représente. *Idem* quand Facebook a conçu des ressources pédagogiques en langue française en 2018, pour les enseignants », avertit Serge Barbet, qui poursuit : « Les acteurs des GAFA pensent qu'ils ont la légitimité démocratique. Or, aujourd'hui, c'est aux États de prendre leurs responsabilités. D'autant que les outils sont déjà dans les salles de classe… »

Bruno Studer complète et élargit, s'interrogeant notamment sur le financement des moyens de vérification de l'information déployés par plusieurs titres de presse : « Est-ce qu'il faut contraindre les GAFA à subventionner ce genre de dispositif ? Pas sûr, ce sont des acteurs étrangers… », me confie-t-il, évoquant les enjeux de souveraineté.

Lucides et expérimentés, Barbet et Studer savent que la période électorale du printemps 2022 va geler pour plusieurs mois toute évolution structurelle en la matière. Serge Barbet enrage : « N'attendons pas qu'il y ait à nouveau des attentats pour prendre des décisions. Cette manière de faire témoigne d'une incurie ! Après l'assassinat de Samuel Paty le 16 octobre 2020, l'éducation aux médias a de nouveau été remise sur le devant de la scène. Mais on s'est contenté de réenclencher la même mécanique qu'après Charlie. En arrivant aux mêmes diagnostics ! » En clair, pour lui, on a perdu six précieuses années.

Bruno Studer, de son côté, aimerait réussir à faire de la question un enjeu de campagne. Mais il n'est pas, à ce jour, dans le « premier cercle » de la macronie. Et la mesure n'est pas forcément dans les petits papiers de ceux qui soufflent à l'oreille du président en matière d'éducation.

Studer a aussi envisagé la possibilité de ne pas être réélu en juin 2022, et il sait déjà ce qu'il fera : « Je retrouverai mes élèves… », me glisse-t-il. Et ces salles de classe où, fantassin isolé, il sait qu'il y a tant à faire au quotidien pour combattre l'inquiétante marche en avant de la dark info !

ÉPILOGUE

Et tout se joua dans les années 2030...

Scénario 1 : « La France Duster » renverse la présidence de la République

Sweat vert bouteille ouvert sur un T-shirt gris chiné ras du cou, jean, baskets Veja aux pieds. Et plus athlétique que jamais. Il a beau s'apprêter à célébrer ses cinquante ans, Mark Zuckerberg n'a jamais quitté son look d'ado.

Nous sommes le 4 février 2034, et le créateur de Facebook a choisi de fêter à Paris les trente ans du lancement de son bébé. À cet instant, il ne peut s'empêcher de penser à cet incroyable premier semestre 2003-2004 et aux heures passées sur le campus de Harvard à coder la toute première version de thefacebook.com, alors qu'il était censé valider sa deuxième année en sciences informatiques et psychologie...

Zuckerberg se remémore tout particulièrement sa convocation par le conseil de discipline de l'université après la mise en ligne de la toute première version de sa plateforme, qui s'appelait alors facemash.com. En utilisant les trombinoscopes officiels de la fac, elle permettait à tous les étudiants de voter pour dire laquelle de deux étudiantes choisies aléatoirement par un algorithme était la plus mignonne… Aussitôt, l'administration zélée et dépassée lui avait fait l'affront de l'accuser d'intrusion dans un système sécurisé, de violation des lois sur le copyright et d'atteinte à la vie privée ! Alors qu'il n'avait fait qu'exploiter les failles béantes d'un système d'information mal sécurisé…

Comment s'étonner que, après cela, *Move fast and break things*, autrement dit : « Allons vite et cassons des choses », soit longtemps resté la devise interne de Facebook… Que sont devenus les membres de cette commission de discipline ? Zuckerberg n'en a pas la moindre idée, mais rigole intérieurement à cette pensée.

Retour à Paris, France, en février 2034. Avec son vice-président chargé des affaires publiques, l'ancien ministre de la Culture Gabriel Attal, qui souffle à son oreille depuis bientôt dix ans, Mark Zuckerberg passe en revue la liste des invités. Il le sait : ce soir, au 42e étage de la Tour Triangle, inaugurée porte de Versailles il y a à peine deux ans, tout ce que la France compte de politiques va se presser. Il y aura l'actuelle Première ministre, Marion Maréchal-Le Pen. L'ancien président de la République Bruno Le Maire, sèchement battu en 2032 après avoir succédé à Emmanuel Macron en 2027. Ou bien encore Rachida Dati, devenue maire de Paris deux ans plus tôt.

Finalement, la seule qui va manquer à l'appel, c'est la présidente de la République, Héloïse Boisvert, quarante-huit ans. D'ailleurs, ne peut s'empêcher de faire remarquer Mark Zuckerberg à Gabriel Attal : « C'est quand même sacrément ingrat de sa part ! » Car Héloïse Boisvert, une ancienne infirmière, lui doit tout. Elle s'est imposée comme la leader incontournable d'un mouvement de contestation sociale, initié en janvier 2030 contre Bruno Le Maire, « La France Duster ». Un nom choisi en hommage au Duster, un SUV (relativement) bon marché vendu par le constructeur automobile Dacia et dont l'interdiction pour cause de bilan carbone trop déséquilibré, le 1er janvier 2030, a provoqué une mobilisation sociale totalement inédite.

À coups de vidéos partagées directement sur YouTube, racheté par Facebook en 2027, Héloïse Boisvert est devenue la coqueluche des médias. Elle est notamment abonnée au plateau du 20 heures du journaliste Hugo Travers, trente-sept ans, ancien YouTuber et Twitcheur, recruté par le service public huit ans plus tôt. En 2034, l'équation « millions de vues sur les réseaux sociaux » = « super audimat » n'a jamais été aussi vraie, et Hugo Travers le sait sans doute mieux que personne...

Au-delà de sa popularité sur YouTube, Héloïse Boisvert a surtout parfaitement su tirer parti de la nouvelle fonctionnalité de Facebook : les « *secret groups* », des groupes secrets, donc, non référencés, qui ne peuvent être rejoints que sur invitation. Une innovation que Zuckerberg reconnaît avoir directement importée de Telegram, cette application de messagerie qu'il a cherché à racheter sans jamais y parvenir et qu'il a donc décidé d'imiter – une habitude chez lui.

C'est là, dans l'un de ces *secret groups*, que Boisvert a fomenté son plus beau coup. En partageant, jusqu'à dix fois par jour, ses humeurs, ses coups de gueule, ses coups de cœur, et un paquet d'informations douteuses, voire carrément bidon, tout droit venues de la planète dark info.

Jusqu'à cette manifestation surprise organisée en toute confidentialité : 500 000 Dusters encerclant Paris pendant deux semaines et bloquant tous les accès routiers et ferroviaires, et donc tous les approvisionnements de la capitale.

Cette crise sans précédent – bien plus massive et impressionnante que la mobilisation des Gilets jaunes seize ans auparavant – a provoqué la chute de Bruno Le Maire, la dissipation de sa majorité, et la tenue de cette élection présidentielle hors du commun, lors de laquelle Boisvert n'a eu qu'à annoncer sa candidature dans une vidéo YouTube pour être immédiatement créditée d'un score à faire rougir un dictateur communiste !

*

* *

Tout cela vous semble invraisemblable ? Pourtant de nombreux symptômes décrits dans cet ouvrage pourraient bien nous amener un jour dans une telle situation, aussi instable qu'inextricable…

2034, c'est dans douze ans, c'est demain. Bien plus proche de nous que le 4 février 2004, lorsque Zuckerberg a appuyé sur « entrer » pour rendre thefacebook.com *live*.

*

* *

Scénario 2 : Et soudain, la grande régulation de novembre 2029…

Nous sommes le dimanche 5 février 2034, il est bientôt midi, et Arthur, vingt et un ans, se réveille avec une énorme gueule de bois dans son petit studio des Buttes-Chaumont.

La veille, avec ses amis, étudiants à Sciences Po Paris comme lui, ils ont arrosé l'incroyable succès rencontré par leur projet de fin d'études… Bien sûr, avec Ambre, Leïla et Georges, ils ont pris de nombreuses photos, jusque très, très tard dans la nuit, pour garder une trace de ce moment. Mais avant d'être complètement ivres, ils avaient fixé la date d'expiration automatique des clichés à h + 1.

Résultat, lorsqu'il ouvre Unite, le réseau social qu'il pratique depuis bientôt cinq ans, rien, pas un cliché louche. Cette fonction de disparition des contenus à heure programmée, imaginée dès la fin des années 2000 par Viktor Mayer-Schönberger, un universitaire autrichien d'Oxford spécialiste de la régulation du numérique, a été la clé du succès de Unite, qui, petit à petit, a supplanté Facebook et Instagram. Ces deux plateformes, produits phares de l'entreprise Meta, ont définitivement disparu du paysage numérique un peu avant 2030 – Arthur ne les connaît que par ce que ses parents lui en ont raconté…

Revenons la veille, dans la salle surchauffée de Sciences Po où ils viennent de débouler pour présenter le fruit de six mois de travail, après une heure d'ultimes préparatifs passée à spéculer sur la composition de leur jury. En ouvrant la porte, ils ont immédiatement reconnu l'un d'entre eux. Le *tycoon* des télécoms, Xavier Niel, soixante-sept ans, qui a passé dix ans à la tête de Fusion, l'opérateur né en 2024 du rapprochement entre Orange et sa propre société, Free.

Cheveux longs, jean et chemise blanche Dior : Niel n'a pas changé de look depuis qu'il a lancé la première offre Free en février 1999. Pour les quatre amis, assurer une présentation devant lui, c'est déjà, en soi, un sacré défi. Mais parvenir à le convaincre serait, à leurs yeux, le Graal.

Xavier Niel, de son côté, a bien potassé le dossier des quatre étudiants. Et il est particulièrement curieux de voir ce qu'ont dans le ventre les gamins qui ont imaginé

Héroïc. Cela fait des années qu'il vient écouter et juger des élèves de Sciences Po. Pour se frotter aux attentes des nouvelles générations – ne jamais devenir vieux et con, en somme. Mais, aussi, pour continuer sa stratégie de prises de participation dans toute innovation média qui risquerait, à un moment ou à un autre, de gêner ses propres créatures.

Et le dossier d'Arthur, Ambre, Leïla et Georges l'a particulièrement interpellé. L'idée est en apparence très simple. Avec Héroïc, ils proposent de créer un réseau social... payant.

Contre-intuitif ? Sans doute. Mais les quatre ont été pendant des années biberonnés au « CTI », ou « Chercher et trouver l'information », une matière apparue dans les programmes scolaires en juin 2026, qui met en situation d'analyse et de décryptage de contenus d'infos les plus divers tous les lycéens de France, à raison de quatre heures par semaine entre la quatrième et la terminale. Ils ont été la première génération à en bénéficier, et c'est d'ailleurs l'un des derniers enseignements qui subsistent au bac sous forme d'examen...

Durant les trente minutes de leur *pitch* face au jury, ils ont tout donné. En déclinant une idée forte, issue de leur formation au CTI : il est temps de venir à bout de l'adage « Si c'est gratuit, c'est toi le produit », autrement dit du *deal* « données personnelles contre gratuité du produit ». Ce principe avait été théorisé en août 2010, sur un forum du site Internet Metafilter, blog communautaire de discussion, au cours d'une conversation sur la nouvelle version d'un énième site Web par un utilisateur agacé[1].

1. « If you are not paying for it, you're not the customer ; you're the product being sold », par blue_beetle, sur metafilter.com, https://www.metafilter.com/95152/Userdriven-discontent#3256046

« Héroïc, “en échange” de son modèle payant, repose sur trois promesses, toutes simples », prône Georges, avant de céder la parole à chacun de ses camarades. Leïla commence par évoquer le « respect scrupuleux des données personnelles » : comme Héroïc ne vend pas de publicité, il ne cherche pas à développer de manière effrénée le temps passé par chaque utilisateur sur la plateforme et peut donc renoncer à quelques données. Ambre enchaîne avec la « personnalisation par l'utilisateur de l'affichage des infos ». Autrement dit : pas d'enfermement dans des algorithmes. Arthur, enfin, en fixant Xavier Niel droit dans les yeux, conclut : « Et puis, nous rendrons chaque salarié responsable, en interne mais aussi en externe, de ses actions : nous détaillerons qui travaille sur quelle fonctionnalité. »

Arthur sait que cette idée n'est pas très populaire auprès des grandes boîtes techno, qui ont privilégié le culte du travail en équipe. Sauf que, il en est convaincu, à force d'être déresponsabilisés, les développeurs peuvent vite s'embarquer dans des fonctionnalités perverses.

Séduit par la qualité du projet des étudiants, autant qu'inquiet de la menace qu'Héroïc pourrait, à un moment ou un autre, représenter pour ses propres activités, Niel, dès la sortie de l'amphithéâtre, leur propose de les accompagner. Étonnamment empressé, il parle même d'investir 500 000 euros.

En sortant de son oral, Arthur jette machinalement un coup d'œil sur Unite. Un peu par hasard, il tombe sur une archive qui lui semble complètement folle : un reportage télé du 4 février 2014. Le journal télévisé de TF1 avait dépêché un envoyé spécial au siège de Facebook, en Californie, où un ingénieur français expatrié se rengorgeait du fait que Facebook et Instagram représentaient alors à eux seuls 20 % du temps total passé sur un téléphone portable à l'échelle de la planète… Une autre époque.

Une telle concentration serait en 2034 tout simplement impossible, car le démantèlement des protagonistes interviendrait immédiatement, conformément au texte européen extrêmement volontariste adopté sans barguigner par tous les États membres de l'Union en mars 2030, après une tentative de renversement simultanée des gouvernements français et allemand par un mouvement social inédit, les « ré-informateurs ». Ces militants, qui s'étaient organisés sur une boucle Telegram où ils partageaient de nombreuses fausses informations venues de YouTube et Facebook, avaient tenté d'envahir l'Élysée, à Paris, et la Chancellerie fédérale, à Berlin, le mercredi 24 octobre 2029, cent ans jour pour jour après le Jeudi noir de Wall Street. L'alerte avait été prise suffisamment au sérieux pour que l'Union européenne décide, en seulement trois semaines, d'imposer des tailles de marché maximales aux entreprises de média…

Arthur relance la vidéo d'archive, et se marre quand il entend une représentante de Facebook expliquer sans sourciller que, jamais, au grand jamais des publicitaires ne pourraient avoir accès à des données personnelles d'utilisateurs.

C'était il y a vingt ans jour pour jour. C'était il y a si longtemps !…

Remerciements

Ce livre doit énormément à Hélène, qui en a accompagné la conception, l'ambition, l'écriture. Avec Edgar, Elvire, Solal et Victor, elle a supporté les journées de reportage, les nuits passées sur Telegram, et les très longues heures consacrées à l'écriture.

Il est également le fruit d'échanges réguliers avec différents confrères, au premier rang desquels Laurent Guimier. La vivacité et la pertinence de nos conversations ont largement contribué à ma progression dans les méandres de la dark info, et je l'en remercie.

Éric Maitrot et Noëlle Meimaroglou ont immédiatement cru en cette enquête, et m'ont suivi, chapitre après chapitre, dans sa rédaction. Leur accompagnement, ainsi que celui d'Ivanne Robineau, exigeant, stimulant et toujours pertinent, a permis à ce livre d'exister.

La relecture rigoureuse et minutieuse de ce texte qu'a bien voulu effectuer François Quinton m'a été particulièrement précieuse, et je lui en suis extrêmement reconnaissant.

Enfin, Laurent Vallet et Agnès Chauveau ont accueilli avec une grande bienveillance ce qui n'était encore qu'un projet inabouti. Qu'ils en soient remerciés.

Table

DEUXIÈME PARTIE

Les vrais visages de la dark info

TROISIÈME PARTIE

La dark info nous poursuivra longtemps

Ce livre existe grâce au travail de toute une équipe.

Communication : Caroline Babulle, Sandrine Perrier-Replein, Typhaine Maison, Adélaïde Yvert.

Coordination éditoriale et administrative : Céline Poiteaux, Martine Rivierre.

Studio : Pascaline Bressan, Barbara Cassouto-Lhenry, Joël Renaudat.

Fabrication : Muriel Le Ménez, Céline Ducournau, Bernadette Cristini, Sophia Paroussoglou, Phousa Chantharath, Isabelle Goulhot, Émilie Lapan (Canada).

Correction : Emmanuelle Coppeaux, Valérie Gautheron.

Commercial, relation libraires et marketing : Laetitia Beauvillain, Alexandra Profizi, Élise Iwasinta, Morgane Rissel, Aurélie Scart, Clément Vekeman.

Cessions de droits : Isabelle Votier, Benita Edzard, Lucile Besse, Sonia Guerreiro.

Gestion : Sophie Veisseyre, Chloé Hocquet, Isabelle Déxès, Camille Douin.

Service auteurs : Viviane Ouadenni, Jean-François Rechtman, Catherine Reimbold.

Ressources humaines : Mylène Bourreau.

Juridique : Laëtitia Doré, Anaïs Rebouh, Valérie Robe, Jean-Benoît Vassogne, Julia Crosnier.

Diffusion : Aurélia Spalacci (directrice des ventes), Nadine Eugénie, Céline Pitt, Arnaud Weill, Hervé Adamczyk, Annie Bourgade, Éric Charpentier, Gilles Couillard, Sandrine Ducrocq, Élisabeth Ehlinger, Guillaume Loras, Jean-Philippe Pilloux, Philippe Maulnier, Gilles Torché, Élisabeth Gastaldo, Jean-Pierre Stephany (Belgique), Olivier Béguin (Suisse), Jean Bouchard et Marie-Ève Provost (Canada), Emmanuelle Cadot, Virginie Godet et Caroline Pan.

Avec le soutien des équipes d'Interforum et d'Editis qui participent à la création, la diffusion et la distribution de ce livre.

Canoros Vehit Canentes

Composition et mise en pages
par Facompo Lisieux

MIXTE
Papier issu de sources responsables
FSC® C003309
www.fsc.org

L'éditeur de cet ouvrage s'engage dans une démarche de certification FSC® qui contribue à la préservation des forêts pour les générations futures.

Pour en savoir plus :
www.editis.com/engagement-rse/

Imprimé en France par CPI
en janvier 2022

N° d'édition : 63277/01
N° d'impression : 166951